Begrenzung der Gewinnverkürzung durch Zins- und wirtschaftlich vergleichbare Aufwendungen, Aktionspunkt 4 – Abschlussbericht 2015

OECD
BESSERE POLITIK FÜR EIN BESSERES LEBEN

Dieses Dokument und die darin enthaltenen Karten berühren weder den völkerrechtlichen Status von Territorien noch die Souveränität über Territorien, den Verlauf internationaler Grenzen und Grenzlinien sowie den Namen von Territorien, Städten oder Gebieten.

Bitte zitieren Sie diese Publikation wie folgt:
OECD (2016), *Begrenzung der Gewinnverkürzung durch Zins- und wirtschaftlich vergleichbare Aufwendungen, Aktionspunkt 4 – Abschlussbericht 2015*, OECD Publishing, Paris.
http://dx.doi.org/10.1787/9789264255050-de

ISBN 978-92-64-25504-3 (Print)
ISBN 978-92-64-25505-0 (PDF)

Die statistischen Daten für Israel wurden von den zuständigen israelischen Stellen bereitgestellt, die für sie verantwortlich zeichnen. Die Verwendung dieser Daten durch die OECD erfolgt unbeschadet des Status der Golanhöhen, von Ost-Jerusalem und der israelischen Siedlungen im Westjordanland gemäß internationalem Recht.

Originaltitel: *Limiting Base Erosion Involving Interest Deductions and Other Financial Payments, Action 4 - 2015 Final Report*
Übersetzung durch den Deutschen Übersetzungsdienst der OECD.

Foto(s): Deckblatt © ninog – Fotolia.com

Korrigenda zu OECD-Veröffentlichungen sind verfügbar unter: *www.oecd.org/about/publishing/corrigenda.htm*.

Vorwort

Internationale Steuerfragen standen niemals so weit oben auf der politischen Agenda wie heute. Die Integration der nationalen Volkswirtschaften und Märkte hat sich in den vergangenen Jahren deutlich erhöht, wodurch die – vor über einem Jahrhundert konzipierten – internationalen Steuerregeln zunehmend unter Druck gerieten. Schwachstellen im gegenwärtigen Regelwerk lassen Möglichkeiten der Gewinnverkürzung und Gewinnverlagerung (*Base Erosion and Profit Shifting* – BEPS) entstehen, was mutige Schritte seitens der politischen Entscheidungsträger erforderlich macht, um das Vertrauen in das Steuersystem wiederherzustellen und zu gewährleisten, dass Gewinne dort besteuert werden, wo die wirtschaftlichen Aktivitäten stattfinden und die Wertschöpfung erfolgt.

Im Anschluss an die Veröffentlichung des Berichts *Addressing Base Erosion and Profit Shifting* (*Gewinnverkürzung und Gewinnverlagerung – Situationsbeschreibung und Lösungsansätze*) im Februar 2013 haben die OECD- und G20-Staaten im September 2013 einen 15-Punkte-Aktionsplan gegen Gewinnverkürzung und Gewinnverlagerung verabschiedet. In diesem Aktionsplan wurden 15 Maßnahmen entlang drei großer Achsen identifiziert: Gewährleistung der Kohärenz der innerstaatlichen Vorschriften, die sich auf grenzüberschreitende Tätigkeiten auswirken, Stärkung der Substanzanforderungen in den bestehenden internationalen Standards und Erhöhung der Transparenz sowie der Planungssicherheit.

Alle G20- und OECD-Länder haben seitdem gleichberechtigt am BEPS-Projekt gearbeitet, und auch die Europäische Kommission hat während des gesamten Verlaufs des Projekts ihre Ansichten eingebracht. Entwicklungsländer wurden über eine Reihe verschiedener Mechanismen, einschließlich der direkten Mitwirkung im Ausschuss für Steuerfragen, umfassend in diesen Prozess einbezogen. Darüber hinaus haben auch regionale Steuerorganisationen wie das African Tax Administration Forum, das Centre de Rencontre des Administrations Fiscales (CREDAF) und das Centro Interamericano de Administraciones Tributarias (CIAT) zusammen mit internationalen Organisationen wie dem Internationalen Währungsfonds, der Weltbank und den Vereinten Nationen einen Beitrag zu diesen Arbeiten geleistet. Betroffene Akteure wurden umfassend konsultiert: Insgesamt gingen zum BEPS-Projekt über 1 400 Stellungnahmen von Wirtschaftsvertretern, Beratern, Nichtregierungsorganisationen und Wissenschaftlern ein. Vierzehn öffentliche Konsultationen wurden abgehalten, die live online übertragen wurden, ergänzt durch Webcasts, in denen das OECD-Sekretariat die Öffentlichkeit regelmäßig auf dem Laufenden hielt und Fragen beantwortete.

Nach zwei Jahren Arbeit sind die 15 Aktionspunkte nun abgeschlossen. Die verschiedenen Arbeitsergebnisse – einschließlich derjenigen, die 2014 in vorläufiger Form vorgelegt wurden – wurden zu einem umfassenden Maßnahmenpaket zusammengefasst. Dieses BEPS-Maßnahmenpaket stellt die erste wesentliche Überarbeitung der internationalen Steuerregeln seit fast einem Jahrhundert dar. Wenn die neuen Maßnahmen in Kraft getreten sind, wird erwartet, dass Gewinne dort ausgewiesen werden, wo die wirtschaftlichen Tätigkeiten, mit denen sie erzielt werden, stattfinden und wo die Wertschöpfung erfolgt. Steuerplanungsstrategien zur Gewinnverkürzung und Gewinnverlagerung, die auf veralteten Regeln oder unzureichend koordinierten innerstaatlichen Maßnahmen basieren, werden ihre Wirkung verlieren.

Somit kommt es in diesem Stadium entscheidend auf die Umsetzung an. Das BEPS-Maßnahmenpaket ist so konzipiert, dass es über Änderungen von innerstaatlichen Rechtsvorschriften und Verfahren sowie von Abkommensbestimmungen umgesetzt wird, wobei die Verhandlungen über ein multilaterales Instrument bereits begonnen haben und 2016 abgeschlossen werden sollen. Die OECD- und G20-Staaten sind ferner übereingekommen, ihre Zusammenarbeit fortzusetzen, um eine konsistente und koordinierte Umsetzung der BEPS-Empfehlungen zu gewährleisten. Globalisierung erfordert globale Lösungen und einen globalen Dialog, der über die OECD- und G20-Länder hinausreicht. Um auf dieses Ziel hinzuarbeiten, werden die OECD- und G20-Staaten 2016 einen inklusiven Monitoring-Rahmen entwerfen, an dem alle interessierten Länder gleichberechtigt mitwirken können.

Ein besseres Verständnis der konkreten Umsetzung der BEPS-Empfehlungen könnte Missverständnisse und Streitigkeiten zwischen verschiedenen Staaten verringern. Eine stärkere Fokussierung auf Umsetzung und Steuerverwaltung dürfte daher für die Staaten ebenso wie die Unternehmen von Vorteil sein. Die vorgeschlagenen Verbesserungen der Daten und Analysen werden die laufende Evaluierung des quantitativen Effekts von Gewinnverkürzungen und Gewinnverlagerungen sowie der Auswirkungen der im Rahmen des BEPS-Projekts entwickelten Gegenmaßnahmen unterstützen.

Inhaltsverzeichnis

Kästen

Abbildungen

Tabellen

Abkürzungen

AEUV	Vertrag über die Arbeitsweise der Europäischen Union
BEPS	Gewinnverkürzung und Gewinnverlagerung
BIAC	Beratender Ausschuss der Wirtschaft bei der OECD
CFC	Beherrschtes ausländisches Unternehmen (Controlled Foreign Company)
EBIT	Gewinn vor Zinsen und Steuern (Earnings before interest and taxes)
EBITDA	Gewinn vor Zinsen, Steuern und Abschreibungen (Earnings before interest, taxes, depreciation and amortisation)
EU	Europäische Union
GAAP	Generally Accepted Accounting Principles
IFRS	International Financial Reporting Standards
JV	Joint Venture
OECD	Organisation für wirtschaftliche Zusammenarbeit und Entwicklung
PwC	PricewaterhouseCoopers

Zusammenfassung

Es ist eine empirische Tatsache, das Geld mobil und fungibel ist. Daher können multinationale Konzerne durch Anpassungen der Höhe des Fremdkapitals in einem Konzernunternehmen günstige Steuerergebnisse erzielen. Der Einfluss von Steuerregeln auf die Verteilung des Fremdkapitals innerhalb eines multinationalen Konzerns wurde in einer Reihe wissenschaftlicher Studien nachgewiesen, und es ist zur Genüge bekannt, dass es für Konzerne einfach ist, das Schuldenniveau auf Ebene einzelner Konzernunternehmen durch konzerninterne Finanzierungen zu vervielfachen. Zudem können Finanzinstrumente eingesetzt werden, um Zahlungen zu tätigen, die Zinsen wirtschaftlich gleichzusetzen sind, aber eine andere Rechtsform haben und so nicht unter die Beschränkungen für die Abzugsfähigkeit von Zinsaufwendungen fallen. Zu Risiken der Gewinnverkürzung und Gewinnverlagerung (BEPS) kann es in diesem Bereich im Fall von drei Grundszenarien kommen:

- Konzerne platzieren größere Mengen an externem (bei Dritten aufgenommenem) Fremdkapital in Hochsteuerländern.
- Konzerne nutzen konzerninterne Darlehen, um Betriebsausgabenabzüge für Zinsaufwendungen zu generieren, die den tatsächlichen Zinsaufwand des Konzerns gegenüber Dritten übersteigen.
- Konzerne nutzen konzernexterne und konzerninterne Finanzierungen, um die Erzielung von steuerbefreiten Einkünften zu finanzieren.

Um diesen Risiken zu begegnen, verlangt Punkt 4 des *Aktionsplans zur Bekämpfung der Gewinnverkürzung und Gewinnverlagerung* (BEPS-Aktionsplan, OECD, 2014) Empfehlungen in Bezug auf optimale Vorgehensweisen (sog. *Best Practices*) für die Gestaltung von Vorschriften zur Verhinderung einer über Zinsen herbeigeführten Gewinnverkürzung. Im vorliegenden Bericht werden mehrere optimale Vorgehensweisen analysiert und wird ein Ansatz empfohlen, mit dem den oben umrissenen Risiken unmittelbar begegnet werden kann. Der empfohlene Ansatz beruht auf einer Festquotenregel, die die Nettobetriebsausgabenabzüge für Zinsaufwendungen bzw. Zinsaufwendungen wirtschaftlich gleichzusetzende Zahlungen eines Unternehmens auf einen bestimmten Prozentsatz seines Ergebnisses vor Zinsen, Steuern und Abschreibungen (EBITDA) begrenzt. Als Mindestanforderung sollte dies für Unternehmen multinationaler Konzerne gelten. Um sicherzustellen, dass die Staaten einen solchen Festquotenwert niedrig genug ansetzen, um Gewinnverkürzung und Gewinnverlagerung entgegenzuwirken, und zugleich der Tatsache Rechnung zu tragen, dass sich nicht alle Staaten in der gleichen Position befinden, sieht der empfohlene Ansatz einen Korridor möglicher Festquotenwerte von 10-30% vor. Der Bericht nennt ferner Faktoren, die die Staaten bei der Festlegung der von ihnen angewandten Quote innerhalb dieses Korridors berücksichtigen sollten. Der Ansatz kann durch eine auf den weltweiten Konzern bezogene Quotenregel (Konzernquotenregel) ergänzt werden, die es einem Konzernunternehmen unter bestimmten Umständen gestattet, diese Obergrenze zu überschreiten.

In Anerkennung der Tatsache, dass einige Konzerne aus nichtsteuerlichen Gründen einen hohen Anteil an bei Dritten aufgenommenem Fremdkapital aufweisen, wird im Rahmen des empfohlenen Ansatzes neben der Festquotenregel eine Konzernquotenregel vorgeschlagen. Nach einer solchen Regel wäre es einem Konzernunternehmen, dessen Nettozinsaufwand den im betreffenden Land geltenden Festquotenwert übersteigt, möglich, Zinsaufwendungen bis zur Nettozinsaufwand/EBITDA-Quote seines weltweiten Konzerns in Abzug zu bringen. Die Staaten können ferner einen Aufschlag um bis zu 10% auf den Nettozinsaufwand des Konzerns gegenüber Dritten vornehmen, um Doppelbesteuerung zu vermeiden. Die gewinnbezogene Konzernquotenregel kann außerdem durch andere Konzernquotenregeln ersetzt werden, z.B. den derzeit in einigen Ländern vorgesehenen „Eigenkapital-Escape" (der das Eigenkapital und die Bilanzsumme eines Konzernunternehmens den entsprechenden Größen seines Konzerns gegenüberstellt). Ein Staat kann auch beschließen, keinerlei Konzernquotenregel einzuführen. Führt ein Staat keine Konzernquotenregel ein, sollte er die Festquotenregel ohne unangemessene Diskriminierung einheitlich auf Unternehmen multinationaler und nationaler Konzerne anwenden.

Der empfohlene Ansatz wird sich hauptsächlich auf Konzernunternehmen auswirken, die sowohl hohe Nettozinsaufwendungen als auch eine hohe Nettozinsaufwand/EBITDA-Quote aufweisen, vor allem wenn die Quote des betreffenden Konzernunternehmens höher ist als die seines weltweiten Konzerns. Dies ist ein einfacher Ansatz und gewährleistet, dass die von einem Unternehmen in Abzug gebrachten Nettozinsaufwendungen unmittelbar mit den steuerpflichtigen Einkünften verknüpft sind, die durch dessen wirtschaftliche Aktivitäten erzielt werden. Ein wichtiges Merkmal der Festquotenregel ist, dass sie nur die Betriebsausgabenabzüge für die Nettozinsaufwendungen eines Unternehmens (d.h. die Zinsaufwendungen, die den Zinsertrag übersteigen) begrenzt. Die Regel beschränkt nicht die Fähigkeit multinationaler Konzerne, externes Fremdkapital zentral in dem Staat und dem Konzernunternehmen aufzunehmen, in dem dies unter Berücksichtigung nichtsteuerlicher Faktoren wie Kreditrating, Währung und Kapitalmarktzugang am effizientesten geschehen kann, und die aufgenommenen Fremdmittel dann innerhalb des Konzerns dorthin weiterzuverleihen, wo die Mittel zur Finanzierung der wirtschaftlichen Aktivitäten des Konzerns eingesetzt werden.

Der empfohlene Ansatz gestattet es Staaten auch, die Festquotenregel und die Konzernquotenregel durch andere Bestimmungen zu ergänzen, die den Effekt der Regeln in Unternehmen oder Situationen verringern, in denen weniger Risiken der Gewinnverkürzung und Gewinnverlagerung bestehen:

- Eine Geringfügigkeitsschwelle bzw. Freigrenze, mit der Unternehmen ausgespart werden, die einen geringen Nettozinsaufwand haben. Besitzt ein Konzern mehr als ein Unternehmen in einem Land, wird empfohlen, den Schwellenwert auf den gesamten Nettozinsaufwand des Inlandskonzerns anzuwenden.
- Eine vorbehaltlich bestimmter Bedingungen geltende Ausnahme für an Dritte gezahlte Zinsen für Darlehen, die der Finanzierung von Projekten zum Nutzen der Allgemeinheit dienen. In solchen Situationen kann ein Unternehmen zwar einen hohen Fremdkapitalanteil aufweisen, doch ist das BEPS-Risiko auf Grund der Art der Projekte und der engen Verknüpfung mit dem öffentlichen Sektor geringer.
- Der Vortrag von nicht abziehbaren Zinsaufwendungen und/oder von ungenutztem Zinsabzugspotenzial (wenn die von einem Unternehmen tatsächlich in Abzug gebrachten Zinsaufwendungen geringer sind als der zulässige Höchstbetrag) in spätere Jahre. Dadurch verringert sich der Effekt von Gewinnschwankungen auf die Fähigkeit eines Unternehmens, Zinsaufwendungen in Abzug zu bringen. Der Vortrag nicht abzieh-

barer Zinsaufwendungen hilft auch Unternehmen, die Zinsaufwendungen für langfristige Investitionen haben, die erst in späteren Jahren steuerpflichtige Einkünfte bringen werden, und gestattet es Unternehmen, die Verluste schreiben, Betriebsausgabenabzüge für Zinsaufwendungen geltend zu machen, wenn sie wieder Gewinne erzielen.

Der Bericht empfiehlt ferner, den Ansatz durch gezielte Regeln zu flankieren, die seine Umgehung, z.B. durch eine künstliche Verringerung des Nettozinsaufwands, verhindern sollen. Er empfiehlt den Staaten auch, die Einführung von Regeln in Betracht zu ziehen, mit denen spezifischen BEPS-Risiken begegnet werden kann, denen der empfohlene Ansatz nicht gerecht wird, beispielweise wenn ein Konzernunternehmen ohne Nettozinsaufwand Zinserträge abschirmt.

Darüber hinaus räumt der Bericht ein, dass das Banken- und das Versicherungsgewerbe spezifische Merkmale aufweisen, die es zu berücksichtigen gilt, und dass es daher notwendig ist, geeignete spezifische Regeln auszuarbeiten, mit denen den BEPS-Risiken in diesen Branchen entgegengewirkt werden kann.

Eingehendere technische Arbeiten werden in speziellen Bereichen des empfohlenen Ansatzes durchgeführt werden, insbesondere zur genauen Funktionsweise der Konzernquotenregel und zu den spezifischen Regeln zur Bewältigung der Risiken, die von Bank- und Versicherungskonzernen ausgehen. Diese Arbeiten sollen 2016 abgeschlossen werden.

Die Höhe der konzerninternen Zinszahlungen und Zinszahlungen wirtschaftlich gleichzusetzenden Zahlungen wird auch durch Verrechnungspreisvorschriften beeinflusst. Mit den im Rahmen von Aktionspunkt 8-10 des BEPS-Aktionsplans (OECD, 2014) vorgenommenen Änderungen von Kapitel I der Verrechnungspreisleitlinien, die im OECD-Bericht *Aligning Transfer Pricing Outcomes with Value Creation* (OECD, 2015) enthalten sind, wird die Höhe der Zinsen, die an Konzerngesellschaften ohne ausreichende wirtschaftliche Substanz gezahlt werden können, auf eine risikofreie Rendite auf die bereitgestellten Finanzierungsmittel begrenzt und verlangt, dass bei der Evaluierung der konzerninternen finanziellen Zahlungen Synergien innerhalb des Konzerns berücksichtigt werden. Weitere Arbeiten zu den Verrechnungspreisaspekten finanzieller Transaktionen werden im Verlauf von 2016 und 2017 durchgeführt werden.

Eine koordinierte Umsetzung des empfohlenen Ansatzes wird einen maßgeblichen Effekt auf die Fähigkeit multinationaler Konzerne haben, Fremdkapital für Gewinnverkürzungen und Gewinnverlagerungen zu nutzen. Um zu gewährleisten, dass mit dem empfohlenen Ansatz auch in Zukunft wirkungsvoll gegen Gewinnverkürzungen und Gewinnverlagerungen im Zusammenhang mit Zinsen vorgegangen werden kann, werden Umsetzung, Funktionsweise und Wirkung des Ansatzes im weiteren Verlauf beobachtet werden, um nötigenfalls eine umfassende und sachkundige Überarbeitung zu ermöglichen.

Einführung

Verwendung von Zinsen und Zinsen wirtschaftlich gleichzusetzenden Zahlungen zur Gewinnverkürzung und Gewinnverlagerung

1. Der Abzug von Zinszahlungen an fremde Dritte oder nahestehende Dritte ist vielleicht eine der einfachsten Techniken der Gewinnverlagerung, die im Bereich der internationalen Steuerplanung zur Verfügung stehen. Die Liquidität und Fungibilität des Geldes macht es relativ einfach, das Verhältnis von Fremd- und Eigenkapital in einem beherrschten Unternehmen anzupassen. Vor diesem Hintergrund wird unter Punkt 4 des *Aktionsplans zur Bekämpfung der Gewinnverkürzung und Gewinnverlagerung* (BEPS-Aktionsplan, OECD, 2014) Folgendes gefordert:

> *[Erarbeitung von] Empfehlungen zu bewährten Verfahren für die Gestaltung von Vorschriften zur Vermeidung der Gewinnverkürzung durch den Abzug von Zinsaufwendungen – z.B. im Fall der Aufnahme von Schulden bei nahestehenden Dritten und fremden Dritten zur Vornahme überhöhter Zinsabzüge oder zur Finanzierung der Erzielung steuerfreier oder aufgeschobener Erträge – oder sonstigen finanziellen Aufwendungen, die wirtschaftlich mit Zinszahlungen gleichzusetzen sind. Dabei soll die Wirksamkeit verschiedener Arten von Begrenzungen bewertet werden. In Verbindung mit den vorangehenden Maßnahmen und zu deren Unterstützung sollen zudem Verrechnungspreisleitlinien im Zusammenhang mit finanziellen Transaktionen mit nahestehenden Dritten – darunter Finanz- und Erfüllungsgarantien, Derivate (einschließlich interner Derivate bei bankinternen Geschäften) sowie Eigenversicherungen und sonstige Versicherungsgebilde – erarbeitet werden. Diese Arbeiten werden mit den Arbeiten zu hybriden Gestaltungen sowie zu Vorschriften zur Hinzurechnungsbesteuerung koordiniert.*

2. Die meisten Staaten besteuern Fremd- und Eigenkapital nach innerstaatlichem Recht unterschiedlich. Für Fremdkapital gezahlte Zinsen sind im Allgemeinen eine steuerlich abzugsfähige Aufwendung für den Zahlungsleister und werden im Staat des Zahlungsempfängers zum normalen Steuersatz besteuert. Demgegenüber sind Dividenden oder sonstige Eigenkapitalvergütungen generell nicht abzugsfähig und sind beim Zahlungsempfänger üblicherweise Gegenstand der einen oder anderen Form von Steuererleichterung (Steuerbefreiung, Nichtberücksichtigung, Steueranrechnung usw.). Während diese Unterschiede in der steuerlichen Behandlung in einem rein innerstaatlichen Kontext in einer insgesamt vergleichbaren Steuerbelastung von Fremd- und Eigenkapital resultieren können, führt die unterschiedliche Behandlung des Zahlungsleisters im grenzüberschreitenden Kontext zu einer steuerinduzierten Verzerrung zu Gunsten der Fremdfinanzierung. Diese Verzerrung wird durch Steuerplanungsmethoden verstärkt, die eingesetzt werden können, um die auf Zinserträge im Staat des Zahlungsempfängers zu entrichtenden Steuern zu verringern oder zu vermeiden.

3. Im grenzüberschreitenden Kontext stellen sich steuerpolitische Fragen im Zusammenhang mit Zinsabzügen hauptsächlich in Bezug auf schuldenfinanzierte Outbound-Investitionen (Investitionen von Gebietsinländern im Ausland) und Inbound-Investitionen (Investitionen von Gebietsausländern im Inland) von Konzernen. Muttergesellschaften können ihre Zinsaufwendungen üblicherweise steuerlich in Abzug bringen, während die Erträge aus ihrem Anteilsbesitz einer vergünstigten Besteuerung in Form eines Schachtelprivilegs, eines vergünstigten Steuersatzes oder einer ausschließlichen Besteuerung bei der Ausschüttung unterliegen. Demgegenüber können Tochtergesellschaften stark mit Fremdkapital finanziert sein und überhöhte Zinsabzüge für konzerninterne Darlehen geltend machen, um inländische Gewinne vor Besteuerung zu schützen. Diese Möglichkeiten, die sich im Zusammenhang mit Inbound- und Outbound-Investitionen bieten, können insgesamt zu Wettbewerbsverzerrungen zwischen Konzernen, die auf internationaler Ebene operieren und solchen, die auf dem Inlandsmarkt tätig sind, führen. Das hat negative Auswirkungen auf die Kapitaleignerneutralität, da es damit steuerlich günstiger wird, Vermögenswerte in multinationalen Konzernen statt in nationalen Konzernen zu halten[1]. Zudem hat die Ausschöpfung dieser Möglichkeiten durch Konzerne, wie im BEPS-Aktionsplan (OECD, 2014) ausgeführt, zur Folge, dass den Staaten geringere Steuereinnahmen zur Verfügung stehen und die Integrität des Steuersystems beeinträchtigt wird. Die Verwendung von Zinsabzügen zur Finanzierung von Einkünften, die von der Steuer befreit sind oder steuerlich aufgeschoben werden, und die Geltendmachung von Zinsabzügen, die den tatsächlichen Nettozinsaufwand des Konzerns übersteigen, sind weitere Methoden, die zu Gewinnverkürzung und Gewinnverlagerung beitragen können. Dies umfasst die Nutzung konzerninterner Darlehen, um in Hochsteuerländern abzugsfähige Zinsaufwendungen und in Niedrig- oder Nullsteuerländern Zinserträge zu generieren, die Entwicklung hybrider Instrumente, die zu abzugsfähigen Zinsaufwendungen, aber keinen entsprechenden steuerpflichtigen Einkünften führen, sowie der Einsatz von Darlehen, um in Vermögensgegenstände zu investieren, die steuerbefreite oder mit einem ermäßigten Satz besteuerte Erträge bringen. Kasten 1 enthält einfache Beispiele dafür, wie ein multinationaler Konzern je nachdem, wie sein Fremdkapital auf verschiedene Orte verteilt ist, in Szenarien mit Outbound- und Inbound-Investitionen Steuervorteile erzielen kann.

Kasten 1 **Beispiel für den Effekt der Besteuerung auf den Ort der Zinsaufwendungen**[1]

Bei diesem Beispiel wird davon ausgegangen, dass die Möglichkeiten eines Konzerns, Zinsabzüge geltend zu machen, nicht beschränkt sind, wie dies beispielsweise nach Verrechnungspreis- oder Unterkapitalisierungsvorschriften der Fall ist.

Outbound-Investitionen

Nehmen wir das Beispiel einer einfachen Konzernstruktur mit zwei Gesellschaften (A Co und B Co). A Co ist in einem Staat mit einem Körperschaftsteuersatz von 35% ansässig, der im Ausland erzielte Dividendeneinkünfte von der Steuer befreit. B Co ist in einem Staat ansässig, in dem der Körperschaftsteuersatz 15% beträgt.

B Co nimmt bei einer konzernexternen Bank 100 US-$ zu einem Zinssatz von 10% auf[2]. B Co verwendet diese Mittel für seine Geschäftstätigkeit und erzielt einen zusätzlichen Betriebsgewinn von 15 US-$. Nach Abzug der Zinskosten in Höhe von 10 US-$ weist B Co einen Vorsteuergewinn von 5 US-$ und einen Nachsteuergewinn von 4,25 US-$ aus.

Alternativ dazu könnte A Co die 100 US-$ bei der Bank aufnehmen und B Co diesen Betrag über den Erwerb einer Beteiligung an dessen Kapital zur Verfügung stellen. In diesem

(Fortsetzung nächste Seite)

(Fortsetzung)

Fall hat B Co keine Zinsaufwendungen und sein gesamter Betriebsgewinn von 15 US-$ unterliegt der Besteuerung. B Co hat nun einen Vorsteuergewinn von 15 US-$ und einen Nachsteuergewinn von 12,75 US-$. Unter der Annahme, dass A Co seine Zinsaufwendungen mit anderen Einnahmen verrechnen kann, entstehen A Co Vorsteuerkosten von 10 US-$ und Nachsteuerkosten von 6,50 US-$. Zusammengenommen ergibt sich für A Co und B Co aus dem Geschäftsvorfall ein Gesamtgewinn vor Steuern von 5 US-$ und ein Gesamtgewinn nach Steuern von 6,25 US-$.

Infolge des Transfers der Zinsaufwendungen von B Co auf A Co unterliegt der Konzern nun einem negativen effektiven Steuersatz (d.h. der Nachsteuergewinn des Konzerns ist größer als der Vorsteuergewinn).

Inbound-Investitionen

Ein ähnliches Ergebnis lässt sich auch im Kontext von Inbound-Investitionen erzielen.

In diesem Fall ist A Co in einem Staat mit einem Körperschaftsteuersatz von 15% ansässig und B Co in einem Staat mit einem Körperschaftsteuersatz von 35%.

B Co nimmt bei einer konzernexternen Bank 100 US-$ zu einem Zinssatz von 10% auf. B Co verwendet diese Mittel für seine Geschäftstätigkeit und erzielt einen zusätzlichen Betriebsgewinn von 15 US-$. Nach Abzug der Zinskosten in Höhe von 10 US-$ weist B Co einen Vorsteuergewinn von 5 US-$ und einen Nachsteuergewinn von 3,25 US-$ aus.

A Co könnte auch 50 US-$ seiner Kapitalbeteiligung an B Co durch ein Darlehen derselben Höhe zu einem Zinssatz von 10% ersetzen (demselben Zinssatz, der für das Darlehen bei der konzernexternen Bank zu zahlen ist). In diesem Fall ist der Vorsteuer- und Nachsteuergewinn von B Co gleich null. A Co bezieht Zinserträge aus seinem Darlehen an B Co und hat einen Vorsteuergewinn von 5 US-$ und einen Nachsteuergewinn von 4,25 US-$. Durch die Gewinnverlagerung von B Co auf A Co hat der Konzern seinen effektiven Steuersatz von 35% auf 15% gesenkt.

Geht man in dieser Logik einen Schritt weiter, könnte A Co 100 US-$ seiner Kapitalbeteiligung an B Co durch ein Darlehen derselben Höhe ersetzen. Unter der Annahme, dass B Co seine Zinsaufwendungen mit anderen Einnahmen verrechnen kann, hat B Co infolge dieser Transaktion nun einen Vorsteuerverlust von 5 US-$ und einen Nachsteuerverlust von 3,25 US-$. A Co erhält Zinserträge von B Co und weist einen Vorsteuergewinn von 10 US-$ und einen Nachsteuergewinn von 8,50 US-$ aus. Zusammengenommen ergibt sich für A Co und B Co ein Vorsteuergewinn von 5 US-$ und ein Nachsteuergewinn von 5,25 US-$. Infolge der Unterkapitalisierung von B Co und der Gewinnverlagerung auf A Co wird der Konzern nun mit einem negativen effektiven Steuersatz besteuert.

1. Der erste Teil dieses Beispiels wurde aus Graetz (2008) übernommen und angepasst.
2. Alle Geldbeträge in diesem Beispiel sind in US-Dollar denominiert. Dieses Beispiel dient ausschließlich der Veranschaulichung und zielt nicht darauf ab, einen realen Fall oder die Situation in einem bestimmten Land widerzuspiegeln.

4. Dass internationale Fremdkapitalverlagerungen eine Tatsache sind, wurde in einer Reihe wissenschaftlicher Studien nachgewiesen, die zeigen, dass Konzerne in Tochtergesellschaften, die in Hochsteuerländern angesiedelt sind, mehr Fremdkapital aufnehmen (Møen et al., 2011; Huizinga, Laeven und Nicodeme, 2008; Mintz und Weichenrieder, 2005; Desai, Foley und Hines, 2004). Von Fremdkapitalverlagerungen sind nicht nur fortgeschrittene Volkswirtschaften betroffen, sondern sie sind auch ein Problem für Entwicklungsländer, die solchen Risiken einschlägigen Studien zufolge sogar noch stärker ausgesetzt sind (Fuest, Hebous und Riedel, 2011). Es wurde nachgewiesen, dass das Phänomen der Unterkapitalisierung stark mit multinationalen Konzernen assoziiert ist (Taylor und Richardson, 2013)

und dass in ausländischem Besitz befindliche Unternehmen mehr Fremdkapital aufnehmen als vergleichbare in inländischem Besitz befindliche Unternehmen (Egger et al., 2010). Zusätzliches Fremdkapital wird sowohl konzernintern als auch konzernextern, bei Dritten aufgenommen (Møen et al., 2011), wobei konzerninterne Darlehen in der Regel in Fällen verwendet werden, in denen die Kapitalaufnahme bei Dritten mit hohen Kosten verbunden ist (Buettner et al., 2012). In verschiedenen Studien wurde auch die Wirksamkeit von Unterkapitalisierungsvorschriften näher untersucht und aufgezeigt, dass diese Regeln eine Verringerung der Gesamtverschuldung der Tochtergesellschaften zur Folge haben (Blouin et al., 2014; Buettner et al., 2012). Wenn Unterkapitalisierungsvorschriften nur auf Zinsabzüge für konzerninterne Darlehen angewandt werden, sind sie ein wirksames Instrument zur Reduzierung der konzerninternen Fremdfinanzierung, führen dann aber zu einem Anstieg der konzernexternen Kapitalaufnahme, wenn auch möglicherweise nicht im selben Umfang (Buettner et al., 2012).

5. Der Einfluss von Regeln zur Zinsabzugsbeschränkung auf die Investitionstätigkeit war ebenfalls schon Gegenstand wissenschaftlicher Studien, und das Thema wurde sowohl anhand von theoretischen Modellen als auch von empirischen Analysen angegangen. Analysen des Effekts von Regeln zur Zinsabzugsbeschränkung auf die Investitionen aus theoretischer Sicht kommen zu dem Schluss, dass solche Regeln die effektiven Kapitalkosten erhöhen und dadurch die realen Investitionen verringern (Ruf und Schindler, 2012). Der theoretische Ansatz wird durch Studien gestützt, die darauf hindeuten, dass sich einige Länder für lockere Unterkapitalisierungsregeln entscheiden, um die ausländischen Direktinvestitionen zu schützen (Haufer und Runkel, 2012). Die wenigen empirischen Analysen, die durchgeführt wurden, stützen diese Theorie aber nicht. Zwei Studien, die beide den Effekt deutscher Regeln zur Zinsabzugsbeschränkung auf die Investitionstätigkeit untersuchen, finden keine deutliche Evidenz für einen Investitionsrückgang, weder im Zusammenhang mit Unterkapitalisierungsvorschriften (Weichenrieder und Windischbauer, 2008) noch mit Zinsschrankenregeln, die auf den Zinsaufwendungen im Verhältnis zu den Einkünften basieren (Buslei und Simmler, 2012)[2]. Diese fehlende empirische Bestätigung könnte auf eine Reihe von Faktoren zurückzuführen sein, darunter die Tatsache, dass multinationale Konzerne die Anwendung von Regeln zur Zinsabzugsbeschränkung umgehen können, indem sie Schlupflöcher in der Gesetzgebung nutzen oder ihre Kapitalstruktur anpassen (Ruf und Schindler, 2012). Somit scheint nicht genügend empirische Evidenz vorhanden, um Schlussfolgerungen bezüglich der tatsächlichen Auswirkungen von Regeln zur Zinsabzugsbeschränkung auf ausländische Investitionen zu ziehen.

6. Die Staaten haben ein breites Spektrum an Regeln eingeführt, um Problemen der Gewinnverkürzung und Gewinnverlagerung zu begegnen, die durch konzernexterne und konzerninterne Zinszahlungen entstehen. Dazu gehören allgemeine Regeln zur Zinsabzugsbeschränkung, die die Gesamthöhe der Zinsabzüge beschränken, die ein Konzernunternehmen geltend machen kann, ebenso wie gezielte Regeln zur Bekämpfung spezifischer Risiken der Steuerplanung. Wo allgemeine Regeln zur Zinsabzugsbeschränkung angewandt wurden, stellten einige Staaten nur auf Inbound-Investitionen ab, während andere den Versuch unternahmen, mit den Regeln sowohl Inbound- als auch Outbound-Fällen gerecht zu werden. Die wichtigsten Arten von Regeln, die in den verschiedenen Ländern zum Einsatz kommen, werden weiter unten in dieser Einführung erörtert. Diese Ansätze waren in unterschiedlichem Maße erfolgreich, es hat aber den Eindruck, dass es mit unilateralen Maßnahmen einzelner Staaten nicht gelingt, einigen der Kernaspekte dieser Problematik zu begegnen. Dies ist z.T. darauf zurückzuführen, dass die Fungibilität des Geldes und die Flexibilität der Finanzinstrumente es Konzernen ermöglichen, den Effekt der Regeln zu umgehen und mit anderen Instrumenten vergleichbare Vorteile zu

erzielen. Dies hatte zur Folge, dass die Länder immer wieder neue Regeln einführten oder bestehende Regeln änderten, womit sie die Komplexität erhöhten, ohne den eigentlichen Kernproblemen zu begegnen. Es besteht auch die Befürchtung, dass ein robuster Ansatz zur Beschränkung von Zinsabzügen, der von einem einzigen Staat verfolgt wird, sich negativ auf die Attraktivität dieses Landes im internationalen Geschäftsverkehr und die internationale Wettbewerbsfähigkeit seiner nationalen Konzerne auswirkt.

7. Es zeichnet sich daher immer deutlicher ab, dass ein konsistenter Ansatz, der auf international bewährten Vorgehensweisen beruht, ein effektiveres und effizienteres Instrument ist, um Problemen im Zusammenhang mit der Nutzung von Zinsen für Gewinnverkürzungen und Gewinnverlagerungen zu begegnen. Ein solcher Ansatz sollte Konzerne dazu veranlassen, Finanzierungsstrukturen einzuführen, in denen: *a)* der Nettozinsaufwand eines Konzernunternehmens an den Gesamtnettozinsaufwand des Konzerns geknüpft ist und *b)* die Verteilung des Nettozinsaufwands eines Konzerns an die einkünftegenerierenden Aktivitäten geknüpft sein sollte. Auch für die Konzerne dürfte ein konsistenter Ansatz in den verschiedenen Ländern von Vorteil sein. Vergleichbare Regeln, die auf denselben Grundsätzen fußen, dürften den Effekt der Vorschriften insgesamt vorhersehbarer machen und die Planungssicherheit der Konzerne in Bezug auf ihre Kapitalstrukturen erhöhen. Ein solcher Ansatz könnte auch die Einführung konzernweiter Systeme und Verfahren ermöglichen, um die erforderlichen Informationen bereitzustellen, wodurch die Befolgung der geltenden Vorschriften in verschiedenen Staaten einfacher und kostengünstiger würde. Ein konsistenter Ansatz dürfte Verzerrungen verringern, das Risiko unbeabsichtigter Doppelbesteuerung mindern und durch die Beseitigung von Möglichkeiten der Gewinnverkürzung und Gewinnverlagerung für mehr Gerechtigkeit und Gleichheit zwischen den Konzernen sorgen.

Zinsaufwendungen im BEPS-Aktionsplan

8. Im Jahr 2012 rief die G20 die Organisation für wirtschaftliche Zusammenarbeit und Entwicklung (OECD) auf, das Problem der Gewinnverkürzung und Gewinnverlagerung zu analysieren und einen Aktionsplan zu erarbeiten, um diese Problematik koordiniert und umfassend anzugehen. Der BEPS-Aktionsplan (OECD, 2014) wurde von der OECD im Juli 2013 vorgelegt und enthält 15 Aktionspunkte. Mehrere dieser Punkte befassen sich mit unterschiedlichen Aspekten der Gewinnverkürzung und Gewinnverlagerung durch Zinsaufwendungen. Gestaltungen, die darauf abzielen, mit hybriden Finanzinstrumenten oder hybriden Rechtsträgern für einen einzigen Ausgabenposten zwei Betriebsausgabenabzüge zu generieren, oder Zahlungen, die im Staat des Zahlungsleisters abzugsfähig sind, im Staat des Zahlungsempfängers aber nicht wie ordentliche Einnahmen besteuert werden, wird mit Mustervorschriften begegnet, die im Rahmen von Aktionspunkt 2 entwickelt werden (Neutralisierung der Effekte hybrider Gestaltungen). Im Rahmen der Arbeiten zu Aktionspunkt 3 (Stärkung der Vorschriften zur Hinzurechnungsbesteuerung) werden Empfehlungen bezüglich der Gestaltung von Vorschriften zur Hinzurechnungsbesteuerung (sog. CFC-Regeln) formuliert, die u.a. dazu beitragen sollen, das Problem der Zinsaufwendungen in beherrschten Unternehmen in Niedrigsteuerländern zu lösen. Unter Aktionspunkt 4 (Begrenzung der Gewinnverkürzung durch Zins- oder wirtschaftlich vergleichbare Aufwendungen), der im Zentrum dieses Berichts steht, werden Empfehlungen zu optimalen Vorgehensweisen (Best Practices) für die Gestaltung von Vorschriften zur Bekämpfung von Gewinnverkürzungen und Gewinnverlagerungen durch Zinsen und Zinsen wirtschaftlich gleichzusetzende Zahlungen formuliert, die darauf abzielen, die Zinsabzüge an den steuerpflichtigen wirtschaftlichen Aktivitäten auszurichten. Aktionspunkt 4 umfasst auch Arbeiten zur Entwicklung von Verrechnungspreisleitlinien für Finanztransaktionen mit nahestehenden Dritten, die

als separates Projekt in Angriff genommen und bis Ende 2017 abgeschlossen werden sollen. Diese Arbeiten sollten die Staaten in keiner Weise an der Umsetzung des in diesem Bericht dargelegten Best-Practice-Ansatzes hindern. Mit der Überarbeitung von Kapitel I der Verrechnungspreisleitlinien im Rahmen der Aktionspunkte 8-10 (Immaterielle Werte; Risiko und Kapital; Andere risikobehaftete Transaktionen) wird die Höhe der Zinsen, die an Konzerngesellschaften ohne ausreichende wirtschaftliche Substanz gezahlt werden können, auf eine risikofreie Rendite auf die bereitgestellten Finanzierungsmittel begrenzt und verlangt, dass bei der Evaluierung der konzerninternen finanziellen Zahlungen Synergien innerhalb des Konzerns berücksichtigt werden.

9. Aktionspunkt 4 befasst sich mit der Verwendung von bei fremden Dritten, bei nahestehenden Dritten sowie konzernintern aufgenommenem Fremdkapital, um überhöhte Betriebsausgabenabzüge für Zinsaufwendungen zu erwirken oder die Erzielung steuerbefreiter oder aufgeschobener Einkünfte zu finanzieren. Ein Best-Practice-Ansatz zur Bewältigung dieser Probleme sollte auf alle Formen von Zinsen und Zinsen wirtschaftlich gleichzusetzenden Zahlungen angewandt werden, um sicherzustellen, dass Konzerne in einer vergleichbaren Situation einheitlich behandelt werden, und um das Risiko zu mindern, dass eine Regel von einem Konzern umgangen wird, der sein Fremdkapital in einer anderen rechtlichen Form strukturiert. Gewinnverkürzungen und Gewinnverlagerungen können durch Gestaltungen entstehen, die auf einer Fremdkapitalaufnahme bei Dritten (beispielsweise wenn ein übermäßig hoher Anteil am Gesamtnettozinsaufwand des Konzerns gegenüber Dritten auf ein Unternehmen bzw. einen Staat entfällt) oder auf konzerninterner Fremdfinanzierung basieren (z.B. wenn ein Konzern konzerninterne Zinsaufwendungen verwendet, um steuerpflichtige Einkünfte von einem Hochsteuerland in ein Niedrigsteuerland zu verlagern). Sie können sich auch ergeben, wenn Zinszahlungen an Kreditgeber außerhalb eines Landes oder innerhalb desselben Landes getätigt werden. Innerhalb eines Landes kann es beispielsweise zu Gewinnverkürzungen und Gewinnverlagerungen kommen infolge von Zinszahlungen an Dritte im Rahmen einer strukturierten Gestaltung oder wenn Zinsen an ein Konzernunternehmen im selben Land gezahlt werden, das seinerseits eine entsprechende Zahlung an einen ausländischen Kreditgeber tätigt. Um Gewinnverkürzung und Gewinnverlagerung wirksam zu begegnen, sollte ein Best-Practice-Ansatz daher auf all diese Situationen Anwendung finden.

Bestehende Lösungsansätze gegen Gewinnverkürzungen und Gewinnverlagerungen im Zusammenhang mit Zinsen

10. Die in diesem Bericht formulierten Empfehlungen sind das Ergebnis intensiver Arbeiten, in denen die Vor- und Nachteile verschiedener Arten von Regeln untersucht wurden. Diese Arbeiten beinhalteten eine Prüfung der Erfahrungen, die die Länder mit der Funktionsweise dieser Regeln in der Praxis und ihren Auswirkungen auf das Verhalten der Steuerpflichtigen gesammelt haben. Sie umfassten auch eine Analyse empirischer Daten zur Verschuldung von Konzernen und Unternehmen in Staaten, von denen einige derzeit Regeln zur Begrenzung des Zinsabzugs anwenden und andere nicht, sowie eine Untersuchung der Ergebnisse wissenschaftlicher Studien.

11. Die von den Staaten derzeit angewandten Regeln lassen sich in sechs weit gefasste Kategorien unterteilen, wobei einige Staaten einen kombinierten Ansatz verwenden, der mehr als eine Art von Regel umfasst:

1. Prüfungen auf Fremdvergleichskonformität, in denen die Höhe der Zinsaufwendungen oder des Fremdkapitals eines Konzernunternehmens mit der Situation verglichen wird, die gegeben wäre, wenn dieses Unternehmen ausschließlich mit fremden Dritten in wirtschaftlichen Beziehungen gestanden hätte.

2. Quellenbesteuerung von Zinszahlungen, die dazu dient, einem Quellenstaat Besteuerungsrechte einzuräumen.
3. Regeln, die ungeachtet der Art der Zahlung oder des Zahlungsempfängers den Abzug eines bestimmten Prozentsatzes der Zinsaufwendungen eines Unternehmens versagen.
4. Regeln, die die Höhe der Zinsaufwendungen oder des Fremdkapitals eines Unternehmens unter Bezugnahme auf eine festgelegte Quote begrenzen, wie Fremdkapital/Eigenkapital, Zinsen/Gewinne oder Zinsen/Bilanzsumme.
5. Regeln, die die Höhe der Zinsaufwendungen oder des Fremdkapitals eines Konzernunternehmens unter Bezugnahme auf die Gesamtsituation des Konzerns begrenzen.
6. Gezielte Missbrauchsbekämpfungsvorschriften, die den Abzug von Zinsaufwendungen für bestimmte Geschäftsvorfälle versagen.

12. Bei einer Prüfung auf Fremdvergleichskonformität muss den spezifischen Umständen des betreffenden Konzernunternehmens, der Höhe des Fremdkapitals, das dieses Unternehmen bei fremden Dritten aufnehmen könnte und den Bedingungen, unter denen dies geschehen könnte, Rechnung getragen werden. Eine solche Prüfung ermöglicht es einer Steuerverwaltung, das Augenmerk auf die spezifischen geschäftlichen Umstände eines Unternehmens oder eines Konzerns zu richten, kann aber sowohl für die Steuerpflichtigen als auch die Steuerverwaltungen mit hohem Ressourcen- und Zeitaufwand verbunden sein. Da jedes Konzernunternehmen, nachdem die Gestaltungen vorgenommen wurden, separat betrachtet wird, können die Ergebnisse, die sich aus der Anwendung einer Regel ergeben, zudem unsicher sein, wenngleich diese Unsicherheit durch Vorabverständigungen mit der Steuerverwaltung reduziert werden kann. Ein Vorteil der Prüfung auf Fremdvergleichskonformität besteht darin, dass sie der Tatsache Rechnung trägt, dass Unternehmen je nach ihrer konkreten Situation unterschiedlich hohe Zinsaufwendungen haben können. Einige Staaten, die mit der Anwendung eines solchen Ansatzes in der Praxis bereits Erfahrungen gesammelt haben, äußerten indessen Bedenken in Bezug auf seine Wirksamkeit bei der Bekämpfung von Gewinnverkürzungen und Gewinnverlagerungen, auch wenn er eine zweckmäßige Ergänzung zu anderen Regeln darstellen könnte (z.B. für die Bestimmung der Höhe der Zinserträge und Zinsaufwendungen eines Unternehmens vor Anwendung der Regeln zur Zinsabzugsbeschränkung). Insbesondere haben die Staaten die Erfahrung gemacht, dass Konzerne konzerninterne Fremdfinanzierungsstrukturen mit eigenkapitalähnlichen Merkmalen schaffen, um Zinszahlungen zu rechtfertigen, die deutlich über den Zinsaufwendungen liegen, die der Konzern tatsächlich für die Fremdkapitalaufnahme bei Dritten leistet. Zudem hindert eine Prüfung auf Fremdvergleichskonformität ein Unternehmen nicht daran, Zinsaufwendungen in Abzug zu bringen, die der Finanzierung von Investitionen in steuerbefreite Vermögensgegenstände oder Einnahmen dienen, was ein Gewinnverkürzungsrisiko darstellt, das im BEPS-Aktionsplan ausdrücklich als Problem aufgeführt wird (OECD, 2014).

13. Quellensteuern dienen in erster Linie dazu, einem Quellenstaat Besteuerungsrechte einzuräumen, allerdings können sie, indem sie auf grenzüberschreitende Zahlungen erhoben werden, auch den Steuervorteil verringern, der Konzernen durch Gewinnverkürzungen und Gewinnverlagerungen entsteht. Die Quellensteuer hat den Vorteil, ein recht mechanisches Instrument zu sein, das sich leicht anwenden und verwalten lässt. Sofern für die Quellensteuer nicht derselbe Satz gilt wie für die Körperschaftsteuer, bleiben jedoch Möglichkeiten der Gewinnverkürzung und Gewinnverlagerung bestehen. In einigen Fällen können Quellensteuern effektiv Anreize für BEPS-Verhalten schaffen, wenn nämlich Konzerne strukturierte Gestaltungen einrichten, um eine Besteuerung zu verhindern oder um zusätzliche Steuervorteile zu erzielen (beispielsweise wenn sich mehrere

Konzernunternehmen die einbehaltene Quellensteuer anrechnen lassen). Wird eine Quellensteuer erhoben, kann eine Doppelbesteuerung durch die Anrechnung dieser Steuer in dem Staat, in dem die Zahlung bezogen wird, verhindert werden, allerdings verringert sich die Wirksamkeit dieser Maßnahme, falls die Anrechnung nur bis zur Höhe der Steuer auf die Nettoeinnahmen gestattet ist. Dies kann für Konzerne, die keine Gewinnverkürzungen und Gewinnverlagerungen vornehmen, erhebliche Kosten mit sich bringen, falls ein Konzernunternehmen auf seine Bruttozinserträge eine Quellensteuer entrichten muss, sich das aber nicht anrechnen lassen kann, weil seine steuerpflichtigen Einkünfte durch Zinsaufwendungen geschmälert werden. In der Praxis wird der Steuersatz, wenn Quellensteuern erhoben werden, oft im Rahmen bilateraler Doppelbesteuerungsabkommen ermäßigt (manchmal auf 0). Für die Mitgliedsländer der Europäischen Union wäre es auf Grund der EU-Richtlinie über Zinsen und Lizenzgebühren auch extrem schwierig, Quellensteuern auf Zinszahlungen innerhalb der Europäischen Union zu erheben[3]. Zudem gibt es politische Gründe allgemeinerer Art, aus denen einige Staaten derzeit keine Quellensteuer auf Zinszahlungen erheben, was die Einführung neuer Steuern erschweren könnte. Auf Grund all dieser Faktoren sind Quellensteuern in vielen Situationen kein geeignetes Instrument, um die Gewinnverkürzungs- und Gewinnverlagerungsrisiken vollständig auszuräumen, die Gegenstand dieses Berichts sind. Staaten können aber parallel zum Best-Practice-Ansatz weiterhin Quellensteuern erheben.

14. Regeln, die den Abzug eines bestimmten Prozentsatzes der von einem Unternehmen insgesamt gezahlten Zinsen versagen, erhöhen effektiv die Kosten aller Fremdkapitalfinanzierungen oberhalb einer Geringfügigkeitsschwelle bzw. Freigrenze. Unternehmen mit relativ niedrigem Verschuldungsgrad wird damit der Abzug eines gleich hohen Anteils ihrer Zinsaufwendungen versagt wie vergleichbaren Unternehmen mit hohem Fremdkapitalanteil. Dieser Ansatz dürfte zur Verringerung der allgemeinen steuerlichen Begünstigung der Fremdfinanzierung gegenüber der Eigenkapitalfinanzierung wirksamer sein als zur Bekämpfung von Gewinnverkürzungen und Gewinnverlagerungen im Zusammenhang mit Zinsen.

15. Aus den oben beschriebenen Gründen werden die Regeln der Kategorien 1-3 für sich genommen nicht allen im BEPS-Aktionsplan (OECD, 2014) dargelegten Zielen von Aktionspunkt 4 gerecht. Entsprechend gelten sie nicht als optimale Vorgehensweisen zur Bekämpfung von Gewinnverkürzungen und Gewinnverlagerungen im Zusammenhang mit Zinsen und Zinsen wirtschaftlich gleichzusetzenden Zahlungen, sofern sie nicht durch andere Regeln zur Zinsabzugsbeschränkung verstärkt werden. Allerdings können solche Regeln, parallel zu einem Best-Practices-Ansatz, innerhalb des Steuersystems eines Staates weiterhin eine wichtige Rolle spielen, sei es weil sie die im Rahmen dieses Ansatzes angewandten Regeln unterstützen oder weil sie der Erfüllung anderer steuerpolitischer Ziele dienen. Nach der Einführung des Best-Practices-Ansatzes kann ein Staat daher weiterhin Prüfungen auf Fremdvergleichskonformität durchführen, Quellensteuern auf Zinsen erheben oder Regeln anwenden, die den Abzug eines bestimmten Prozentsatzes des gesamten Zinsaufwands eines Unternehmens versagen, solange diese Instrumente die Wirksamkeit des Best-Practices-Ansatzes bei der Bekämpfung von Gewinnverkürzung und Gewinnverlagerung nicht schmälern.

16. Der in diesem Bericht dargelegte Best-Practices-Ansatz basiert auf einer Kombination einiger oder aller Regeln der oben genannten Kategorien 4-6. Eine allgemeine Obergrenze für die abzugsfähigen Zinsaufwendungen würde die Fähigkeit eines Konzernunternehmens, Nettozinsaufwendungen abzuziehen, auf der Basis einer festen Finanzkennzahl beschränken. Eine solche Obergrenze könnte mit einer Regel kombiniert werden, die es dem Konzern-

unternehmen gestattet, mehr Zinsaufwendungen in Abzug zu bringen, und zwar bis zur entsprechenden Finanzkennzahl seines Konzerns, sofern diese höher ist. Führt ein Staat keine Konzernquotenregel ein, sollte er die Festquotenregel ohne unangemessene Diskriminierung einheitlich auf Unternehmen multinationaler und nationaler Konzerne anwenden. Diese allgemeinen Regeln sollten durch gezielte Regeln ergänzt werden, um Steuerplanungen entgegenzuwirken, mit denen die Auswirkungen der allgemeinen Regeln verringert bzw. vermieden werden sollen, wobei gezielte Regeln auch genutzt werden können, um spezifischen Risiken zu begegnen, die durch die allgemeinen Regeln nicht abgedeckt sind. Ein solcher Ansatz dürfte den Staaten einen wirksamen Schutz vor Gewinnverkürzungen und Gewinnverlagerungen im Zusammenhang mit Zinsen bieten, sollte Unternehmen aber nicht daran hindern, das für ihre Geschäftstätigkeit und ihre gewerblichen Investitionen notwendige Fremdkapital aufzunehmen.

17. Regeln, die die Zinsaufwendungen unter Bezugnahme auf eine festgelegte Quote begrenzen, lassen sich recht einfach anwenden und knüpfen die Höhe der Zinsaufwendungen an eine Messgröße der wirtschaftlichen Tätigkeit eines Unternehmens. Solche Festquotenregeln finden derzeit in einer Reihe von Staaten Anwendung. Allerdings sind die bestehenden Regeln nicht immer auf die wirksamste Art und Weise konzipiert, um Gewinnverkürzung und Gewinnverlagerung zu begegnen. Die Mehrzahl der Staaten, die Festquotenregeln anwenden, macht die Abzugsfähigkeit von Zinsaufwendungen von der Eigenkapitalausstattung eines Unternehmens abhängig, üblicherweise durch Unterkapitalisierungsvorschriften auf der Basis eines Vergleichs des Verhältnisses Fremdkapital/Eigenkapital. Der Hauptvorteil eines solchen Tests besteht darin, dass es für die Steuerverwaltungen recht einfach ist, sich sachdienliche Informationen zur Höhe des Fremd- und Eigenkapitals eines Konzernunternehmens zu beschaffen, und dass er Konzernen auch ein angemessenes Maß an Planungssicherheit in Bezug auf ihre Finanzierung verleiht. Diesen Vorteilen steht aber eine Reihe wesentlicher Nachteile gegenüber. Eine Regel, die den Fremdkapitalanteil eines Unternehmens beschränkt, lässt in Bezug auf den Zinssatz, den ein Unternehmen für das Fremdkapital zahlen kann, noch immer ein erhebliches Maß an Flexibilität zu. Außerdem gestattet ein Eigenkapitaltest Konzernunternehmen mit einer höheren Eigenkapitalausstattung, mehr Zinsaufwendungen in Abzug zu bringen, was es einem Konzern relativ einfach macht, die Ergebnisse eines solchen Tests zu manipulieren, indem er die Eigenkapitalausstattung eines bestimmten Konzernunternehmens erhöht. Eine Veranschaulichung dieses Sachverhalts findet sich in Beispiel 1 in Anhang D. Daher einigten sich die an diesen Arbeiten beteiligten Staaten darauf, dass auf einem festgelegten Verhältnis Fremdkapital/Eigenkapital basierende Tests nicht als allgemeine Regeln zur Zinsabzugsbeschränkung in einen Best-Practices-Ansatz zur Bekämpfung von Gewinnverkürzung und Gewinnverlagerung aufgenommen werden sollten, auch wenn daraus nicht geschlossen werden sollte, dass solche Tests in einer steuerpolitischen Gesamtstrategie zur Begrenzung des Abzugs von Zinsaufwendungen keine Rolle spielen können.

18. In den vergangenen Jahren haben die Staaten zunehmend Festquotenvergleiche eingeführt, die auf dem Verhältnis Zinsen/Gewinne eines Unternehmens basieren und ein besseres Instrument zur Bekämpfung von Gewinnverkürzung und Gewinnverlagerung darstellen. In diesen Tests wird als Messgröße für die Gewinne üblicherweise das Ergebnis vor Zinsen, Steuern und Abschreibungen (EBITDA) herangezogen. Die meisten Staaten verwenden derzeit steuerliche Werte des EBITDA. Allerdings herrscht weiterhin allgemein die Ansicht, dass multinationale Konzerne in vielen Fällen trotzdem in der Lage sind, Zinsabzüge geltend zu machen, deren Gesamtbetrag die tatsächlichen Zinsaufwendungen des Konzerns gegenüber Dritten deutlich übersteigt. Die in Kapitel 6 erörterten Daten zeigen, dass das Verhältnis Nettozinsaufwand gegenüber Dritten/EBITDA in der Mehrzahl

der börsennotierten multinationalen Konzerne mit positivem EBITDA laut Informationen aus den Konzernabschlüssen unter 10% liegt.

19. Regeln, die die Höhe der Zinsaufwendungen oder des Fremdkapitalanteils eines Konzernunternehmens direkt den entsprechenden Werten des Gesamtkonzerns gegenüberstellen, sind weniger üblich, werden aber in einer kleinen Zahl von Staaten angewandt. Solche Konzernquotentests werden derzeit üblicherweise unter Bezugnahme auf das Verhältnis Fremdkapital/Eigenkapital vorgenommen. Allerdings kann die Eigenkapitalausstattung eines Konzernunternehmens in vielen Fällen bestenfalls nur als indirekte Messgröße des Umfangs seiner wirtschaftlichen Tätigkeit dienen und kann, wie bereits dargelegt, Gegenstand von Manipulationen sein.

20. Gezielte Regeln können eine allgemeine Regel zur Zinsabzugsbeschränkung ergänzen und sind daher eine Komponente des Best-Practice-Ansatzes. Viele Staaten haben gezielte Missbrauchsbekämpfungsvorschriften eingeführt, die eine effektive Antwort auf spezifische BEPS-Risiken darstellen können. Da aber immer neue Möglichkeiten der Gewinnverkürzung und Gewinnverlagerung erschlossen werden, bedarf es möglicherweise weiterer gezielter Regeln, so dass die Tendenz dahin geht, dass mit der Zeit immer mehr Regeln eingeführt werden, was zu einem komplexen System und höheren Verwaltungs- und Befolgungskosten führt. Ein Ansatz, der eine effektive allgemeine Regel zur Zinsabzugsbeschränkung umfasst, sollte die Notwendigkeit der Einführung zusätzlicher gezielter Regeln verringern, auch wenn einige gezielte Regeln zur Bewältigung spezifischer Risiken erforderlich sein werden. Diese gezielten Regeln sollten aber im Einklang mit den in diesem Bericht empfohlenen allgemeinen Regeln zur Zinsabzugsbeschränkung eingesetzt werden.

EU-rechtliche Aspekte

21. Bei diesen Arbeiten wurde immer wieder auf die von den Mitgliedstaaten der Europäischen Union zu berücksichtigenden EU-rechtlichen Anforderungen eingegangen und insbesondere auf die Notwendigkeit, dass empfohlene Ansätze mit den vertraglichen Grundfreiheiten, den Richtlinien und den Vorschriften über staatliche Beihilfen der EU in Einklang stehen müssen. Obgleich die Länder außerhalb der Europäischen Union diesen Verpflichtungen nicht nachkommen müssen, bedeutet die oben skizzierte Notwendigkeit eines einheitlichen internationalen Ansatzes, dass es mit einem Ansatz, der von den 28 EU-Mitgliedstaaten nicht voll und ganz umgesetzt werden kann, kaum möglich sein dürfte, den globalen Problemen der Gewinnverkürzung und Gewinnverlagerung wirksam zu begegnen. Spezifische Fragen in Verbindung mit den EU-Grundfreiheiten, -Richtlinien und -Beihilfevorschriften sowie mögliche diesbezügliche Lösungsansätze finden sich in Anhang A dieses Berichts.

Anmerkungen

1. Ein nationaler Konzern ist ein Konzern, der ausschließlich innerhalb eines einzigen Landes tätig ist.
2. Weichenrieder und Windischbauer (2008) analysieren den Effekt der zuvor in Deutschland geltenden – 1994 eingeführten und 2001 verschärften – Unterkapitalisierungsvorschriften. Buslei und Simmler (2012) untersuchen den Effekt der Einführung der aktuell in Deutschland geltenden Zinsschrankenregelung im Jahr 2008.
3. Richtlinie 2003/49/EG vom 3. Juni 2003 über eine gemeinsame Steuerregelung für Zahlungen von Zinsen und Lizenzgebühren zwischen verbundenen Unternehmen verschiedener Mitgliedstaaten [2003] OJ L157/49.

Literaturverzeichnis

Blouin, J. et al. (2014), "Thin Capitalization Rules and Multinational Firm Capital Structure", *IMF Working Paper*, No. 14/12, Internationaler Währungsfonds, Washington, DC.

Buettner, T. et al. (2012), "The impact of thin-capitalization rules on the capital structure of multinational firms", *Journal of Public Economics*, Vol. 96, Elsevier, Amsterdam, S. 930-938.

Buslei, H. und M. Simmler (2012), "The impact of introducing an interest barrier – Evidence from the German corporation tax reform 2008", *DIW Discussion Papers*, No. 1215, DIW Berlin.

Desai, M.A., C.F. Foley und J.R. Hines (2004), "A Multinational Perspective on Capital Structure Choice and Internal Capital Markets", *The Journal of Finance*, Vol. 59, American Finance Association, S. 2451-2487.

Egger. P. et al. (2010), "Corporate taxation, debt financing and foreign-plant ownership", *European Economic Review*, Vol. 54, Elsevier, Amsterdam, S. 96-107.

Fuest, C., S. Hebous und N. Riedel (2011), "International debt shifting and multinational firms in developing economies", *Economic Letters*, Vol. 113, Elsevier, Amsterdam, S. 135-138.

Graetz, M.J. (2008), "A Multilateral Solution for the Income Tax Treatment of Interest Expenses", *Bulletin for International Taxation*, Vol. 62, IBFD, S. 486-493.

Haufler, A. und M. Runkel (2012), "Firms' financial choices and thin capitalization rules under corporate tax competition", *European Economic Review*, Vol. 56, Elsevier, Amsterdam, S. 1087-1103.

Huizinga, H., L. Laeven und G. Nicodeme (2008), "Capital structure and international debt shifting", *Journal of Financial Economics*, Vol. 88, Elsevier, Amsterdam, S. 80-118.

Mintz, J. und A.J. Weichenrieder (2005), "Taxation and the Financial Structure or German Outbound FDI", *CESifo Working Paper*, No. 1612.

Møen, J. et al. (2011), "International Debt Shifting: Do Multinationals Shift Internal or External Debt?", Universität Konstanz, *Department of Economics Working Paper Series*, No. 2011-40.

OECD (2014), *Aktionsplan zur Bekämpfung der Gewinnverkürzung und Gewinnverlagerung*, OECD Publishing, Paris. *http://dx.doi.org/10.1787/9789264209688-de*.

Ruf, M. und D. Schindler (2012), "Debt Shifting and Thin Capitalization Rules - German Experience and Alternative Approaches", Norwegian School of Economics, Bergen, *NHH Discussion Paper RRR*, No. 06-2012.

Taylor, G. und G. Richardson (2013), "The determinants of thinly capitalized tax avoidance structures: Evidence from Australian firms", *Journal of International Accounting, Auditing and Taxation*, Vol. 22, Elsevier, Amsterdam, S. 12-25.

Weichenrieder, A.J. und H. Windischbauer (2008), "Thin-capitalization rules and company responses – Experience from German legislation", *CESifo Working Paper*, No. 2456.

Kapitel 1

Empfehlungen für einen Best-Practice-Ansatz

22. Das entscheidende Ziel der Arbeiten zu Aktionspunkt 4 besteht darin, kohärente und in sich schlüssige Lösungen zu identifizieren, um Gewinnverkürzungen und Gewinnverlagerungen entgegenzuwirken, die mit Hilfe von Zinsen und Zinsen wirtschaftlich gleichzusetzenden Zahlungen erzielt werden. Bei der Ausarbeitung des im vorliegenden Bericht beschriebenen Best-Practice-Ansatzes stand die Notwendigkeit eines Konzepts im Vordergrund, das eine effektive Lösung für die Risiken bietet, denen sich die Staaten gegenübersehen, und das widerstandsfähig gegenüber Steuerplanungen ist, mit denen seine Anwendung oder seine Auswirkungen vermieden bzw. verringert werden sollen. Dem stand die Notwendigkeit gegenüber, ein Konzept auszuarbeiten, das Konzerne und Steuerbehörden relativ einfach anwenden können. Im Folgenden wird der Best-Practice-Ansatz kurz umrissen. Nähere Ausführungen zu den einzelnen Elementen des Ansatzes finden sich in den folgenden Kapiteln.

Abbildung 1.1 **Überblick über den Best-Practice-Ansatz**

Geringfügigkeitsschwelle zur Ausklammerung risikoarmer Unternehmen
Optional
Beruht auf dem Nettozinsaufwand des Inlandskonzerns

\+

Festquotenregel
Gestattet es einem Unternehmen, Nettozinsaufwendungen bis zu einem Referenzwert für das Verhältnis Nettozinsaufwand/EBITDA in Abzug zu bringen
Einschlägige Faktoren helfen einem Staat bei der Festlegung dieser Referenzquote innerhalb eines Korridors von 10-30%

\+

Konzernquotenregel
Gestattet es einem Konzernunternehmen, Nettozinsaufwendungen bis zur Höhe des Verhältnisses Nettozinsaufwand gegenüber Dritten/EBITDA seines Konzerns in Abzug zu bringen, wenn diese Quote höher als der Festquotenreferenzwert ist
Optional kann ein Staat einen Aufschlag von bis zu 10% auf den Nettozinsaufwand eines Konzerns gegenüber Dritten vornehmen
Optional kann ein Staat eine andere Konzernquotenregel oder keine Konzernquotenregel anwenden

\+

Vortrag von nicht abziehbaren Zinsaufwendungen/ungenutztem Zinsabzugspotenzial und/oder Rücktrag von nicht abziehbaren Zinsaufwendungen
Optional

\+

Gezielte Regeln, um allgemeine Regeln zur Zinsabzugsbeschränkung zu unterstützen und spezifischen Risiken entgegenzuwirken

\+

Spezifische Regeln für Fragen, die sich im Banken- und im Versicherungssektor stellen

23. Der Best-Practice-Ansatz beruht auf einer Festquotenregel, die die von einem Unternehmen in Abzug gebrachten Nettozinsaufwendungen auf einen festgelegten Prozentsatz seines Gewinns begrenzt, der anhand des Ergebnisses vor Zinsen, Steuern und Abschreibungen (EBITDA) auf der Grundlage von Steuerangaben gemessen wird. Diese Regel lässt sich leicht anwenden und gewährleistet, dass die Zinsabzüge eines Unternehmens unmittelbar mit seiner wirtschaftlichen Tätigkeit verknüpft sind. Sie verbindet diese Abzüge zudem unmittelbar mit den steuerpflichtigen Einkünften eines Unternehmens, was die Regel relativ widerstandsfähig gegenüber Steuerplanung macht. Wie in Kapitel 5 beschrieben, lässt der Best-Practice-Ansatz einem Staat die Möglichkeit, Regeln auf der Grundlage des Ergebnisses vor Zinsen und Steuern (EBIT) einzuführen, auch wenn das EBITDA das empfohlene Gewinnmaß ist. In begrenztem Rahmen kann ein Staat eine auf den Vermögenswerten anstelle der Gewinne basierende Festquotenregel anwenden. In Kapitel 6 sind Faktoren genannt, die ein Staat bei der Festlegung des Referenzwerts für eine Festquotenregel in einem Korridor von 10-30% berücksichtigen sollte.

24. Eine Festquotenregel bietet einem Staat ein bestimmtes Maß an Schutz vor Gewinnverkürzungen und Gewinnverlagerungen, sie ist jedoch ein unpräzises Instrument, das die Tatsache unberücksichtigt lässt, dass in unterschiedlichen Sektoren tätige Konzerne möglicherweise einen unterschiedlich hohen Fremdkapitalbedarf haben und dass selbst innerhalb eines Sektors manche Konzerne aus nichtsteuerlichen Gründen eine höhere Verschuldung aufweisen als andere. Wenn ein Festquotenreferenzwert auf einem angemessenen Niveau zur Bekämpfung von Gewinnverkürzung und Gewinnverlagerung angesetzt wird, könnte er für Konzerne, die einen höheren Fremdkapitalanteil aufweisen, zu Doppelbesteuerung führen. Daher werden die Staaten ermutigt, eine robuste und effektive Festquotenregel mit einer Konzernquotenregel zu kombinieren, die es einem Konzernunternehmen erlaubt, unter bestimmten Umständen höhere Zinsaufwendungen in Abzug zu bringen. Eine Konzernquotenregel könnte als separate Bestimmung oder als integraler Bestandteil einer Gesamtregel eingeführt werden, die sowohl einen Festquoten- als auch einen Konzernquotenvergleich umfasst.

25. In Kapitel 7 ist eine Konzernquotenregel beschrieben, die es einem Konzernunternehmen, das den Festquotenreferenzwert überschreitet, gestattet, Zinsaufwendungen bis zum Verhältnis Nettozinsaufwand gegenüber Dritten/EBITDA seines Konzerns in Abzug zu bringen, sofern diese Quote höher ist. Bei der Berechnung der Konzernquote kann ein Staat auf den Nettozinsaufwand eines Konzerns gegenüber Dritten (d.h. auf dessen an Dritte gezahlte Zinsaufwendungen nach Abzug der von Dritten bezogenen Zinserträge) zudem bis zu 10% aufschlagen. Bei diesem Ansatz können lediglich Nettozinsaufwendungen, die dazu führen, dass das Verhältnis Nettozinsaufwand/EBITDA eines Konzernunternehmens den Festquotenreferenzwert bzw. die Konzernquote – je nachdem welcher dieser Schwellenwerte höher ist – übersteigt, nicht abgezogen werden. Diese Regel sollte die Festquotenregel ergänzen und eine robuste Maßnahme gegen Gewinnverkürzungen und Gewinnverlagerungen im Zusammenhang mit Zinsaufwendungen darstellen. Die Staaten können indessen auch andere Konzernquotenregeln anwenden, darunter solche, die auf Vermögenskennzahlen beruhen, sofern diese Regeln die Überschreitung des Festquotenreferenzwerts durch ein Konzernunternehmen nur dann gestatten, wenn dieses nachweisen kann, dass eine einschlägige Finanzkennzahl mit derjenigen seines Konzerns im Einklang steht. Ein Staat kann zudem beschließen, lediglich eine Festquotenregel anzuwenden. Wendet ein Staat keine Konzernquotenregel an, so sollte er die Festquotenregel ohne unangemessene Diskriminierung einheitlich auf Unternehmen multinationaler und nationaler Konzerne anwenden. In jedem Fall sollte ein Staat die Festquotenregel nach dem Best-Practice-Ansatz auf der Grundlage eines Referenzwerts umsetzen, der niedrig genug ist, um Gewinnverkürzung und Gewinnverlagerung entgegenzuwirken.

26. Um die Unternehmen, die das geringste Risiko darstellen, bei der Anwendung einer allgemeinen Regel zur Zinsabzugsbeschränkung auszunehmen, kann ein Staat eine Geringfügigkeitsschwelle einführen, die auf einem monetären Wert des Nettozinsaufwands beruht. Unternehmen, die diesen Schwellenwert unterschreiten, können ihren Zinsaufwand uneingeschränkt in Abzug bringen. Verfügt ein Konzern über mehr als ein Unternehmen in einem Land, so sollte der Schwellenwert auf den Gesamtzinssaldo des Inlandskonzerns, d.h. aller Konzernunternehmen im betreffenden Staat, angewandt werden. Wird eine Regel auf der Ebene der einzelnen Unternehmen angewandt, so sollte der betreffende Staat den Einsatz von Antifragmentierungsregeln in Erwägung ziehen, um zu verhindern, dass ein Konzern die Anwendung einer Regel zur Zinsabzugsbeschränkung vermeidet, indem er mehrere Konzernunternehmen errichtet, die jeweils unter dem Schwellenwert liegen.

27. Regeln, die die Zinsabzüge mit dem EBITDA verknüpfen, werfen in Fällen, in denen die Zinsaufwendungen und die Gewinne eines Unternehmens in unterschiedlichen Zeiträumen entstehen, Probleme auf. Dies kann das Resultat von Gewinnschwankungen sein, auf Grund derer sich die Fähigkeit eines Unternehmens, Zinsaufwendungen in Abzug zu bringen, von Jahr zu Jahr verändert, oder dadurch bedingt sein, dass einem Unternehmen Zinsaufwendungen zur Finanzierung einer Investition entstanden sind, die in einem späteren Veranlagungszeitraum zu Gewinnen führen wird. Um den Effekt dieser Sachverhalte zu verringern, kann ein Staat den Unternehmen gestatten, Zinsaufwendungen, die nicht abgezogen werden konnten, oder ungenutztes Zinsabzugspotenzial in künftige Zeiträume vorzutragen bzw. unberücksichtigte Zinsaufwendungen in frühere Zeiträume rückzutragen. Es wird empfohlen, dass die Staaten Begrenzungen dieser Vor- und Rückträge in Erwägung ziehen.

28. Eine Festquotenregel und eine Konzernquotenregel dürften einen effektiven Rahmen bieten, um den meisten Gewinnverkürzungen und Gewinnverlagerungen im Zusammenhang mit Zinsen und Zinsen wirtschaftlich gleichzusetzenden Zahlungen zu begegnen. Diese allgemeinen Regeln zur Zinsabzugsbeschränkung sollten durch gezielte Regeln ergänzt werden, die die Integrität der allgemeinen Regeln zur Zinsabzugsbeschränkung schützen und den verbleibenden spezifischen Risiken der Gewinnverkürzung und Gewinnverlagerung entgegenwirken.

29. Auf Grund der besonderen Merkmale des Bankgewerbes und der Versicherungswirtschaft dürften die Festquotenregel und die Konzernquotenregel, die im vorliegenden Bericht beschrieben sind, kaum wirkungsvoll sein, um Gewinnverkürzungen und Gewinnverlagerungen im Zusammenhang mit Zinsaufwendungen in diesen Sektoren zu verhindern. Wie in Kapitel 10 erörtert, werden weitere – 2016 abzuschließende – Arbeiten zur Identifizierung gezielter Regeln durchgeführt werden, um den von Banken und Versicherungsgesellschaften ausgehenden Risiken der Gewinnverkürzung und Gewinnverlagerung entgegenzuwirken.

30. Es wird empfohlen, dass der in diesem Bericht erörterte Best-Practice-Ansatz zumindest für alle Unternehmen gelten sollte, die Teil eines multinationalen Konzerns sind. Die Staaten können den Best-Practice-Ansatz auch umfassender auslegen und Unternehmen, die Teil eines nationalen Konzerns sind, und/oder eigenständige Unternehmen, die keinem Konzern angehören, einbeziehen. In bestimmten Fällen sind Staaten hierzu möglicherweise verpflichtet. In diesem Zusammenhang enthält Anhang A einen Überblick über EU-rechtliche Fragen, einschließlich Faktoren, die von EU-Mitgliedstaaten berücksichtigt werden sollten.

31. Der im vorliegenden Bericht erörterte Best-Practice-Ansatz dürfte eine effektive Lösung bieten, um Gewinnverkürzungen und Gewinnverlagerungen im Zusammenhang mit Zinsen und Zinsen wirtschaftlich gleichzusetzenden Zahlungen entgegenzuwirken. Es steht den Staaten indessen frei, strengere Regeln als die im vorliegenden Bericht

beschriebenen anzuwenden, sei es zur Bekämpfung von Gewinnverkürzung und Gewinnverlagerung oder zur Verwirklichung anderer steuerpolitischer Ziele. So kann der Best-Practice-Ansatz beispielsweise durch zusätzliche allgemeine oder gezielte Regeln zur Zinsabzugsbeschränkung ergänzt werden, die ein Staat als angemessen identifiziert hat, um den Risiken entgegenzuwirken, denen er sich gegenübersieht. Darüber hinaus wird anerkannt, dass ein Staat möglicherweise über Regeln zur Zinsabzugsbeschränkung verfügt, die allgemeineren Politikzielen dienen, beispielsweise dem Abbau der steuerlichen Begünstigung der Fremdkapitalfinanzierung, und dass der betreffende Staat diese beibehalten möchte, oder dass ein Staat Regeln einführen möchte, um solche Ziele zu erreichen. Beispiel 2 in Anhang D veranschaulicht, wie sich der Best-Practice-Ansatz mit anderen Regeln zur Zinsabzugsbeschränkung kombinieren lässt. Darüber hinaus muss jeder Staat bei der Umsetzung eines Best-Practice-Ansatzes verfassungsrechtliche Auflagen (beispielsweise die Gleichbehandlung der Steuerpflichtigen) wie auch die besonderen Merkmale seines Steuersystems als Ganzes berücksichtigen. Dies kann sich beispielsweise auf die Anwendung einer Geringfügigkeitsschwelle, einer Festquotenregel und einer Konzernquotenregel sowie auf Zinsvorträge auswirken. Wie die Festquotenregel und die Konzernquotenregel von Staaten mit Einzel- oder Gruppenbesteuerungssystemen angewandt werden könnten, wird in Kapitel 11 untersucht.

32. In den übrigen Kapiteln des vorliegenden Berichts werden Struktur und Anwendung des Best-Practice-Ansatzes ausführlicher beschrieben, wobei das Augenmerk auf folgenden Aspekten liegt:

- Zinsen und Zinsen wirtschaftlich gleichzusetzende Zahlungen;
- Auf wen ein Best-Practice-Ansatz angewandt werden sollte;
- Anwendung eines Best-Practice-Ansatzes auf der Grundlage der Höhe der Zinsaufwendungen oder des Fremdkapitals;
- Messung wirtschaftlicher Tätigkeit anhand der Gewinne oder der Vermögenswerte;
- Festquotenregel;
- Konzernquotenregel;
- Ausgleich von Gewinnschwankungen und Vermeidung der Doppelbesteuerung;
- Gezielte Regeln;
- Anwendung des Best-Practice-Ansatzes auf Bank- und Versicherungskonzerne;
- Umsetzung des Best-Practice-Ansatzes.

Kapitel 2

Zinsen und Zinsen wirtschaftlich gleichzusetzende Zahlungen

33. Zinskosten werden in den meisten Staaten als steuerlich abzugsfähige Aufwendungen behandelt, allerdings wendet jeder Staat seinen eigenen Ansatz an, um zu ermitteln, welche Aufwendungen als Zinsaufwendungen einzustufen und damit steuerlich abzugsfähig sind. Dieser Bericht zielt nicht darauf ab, eine Zinsdefinition zu empfehlen, die in allen Staaten für sämtliche steuerliche Zwecke Anwendung finden soll. Es wird auch in Zukunft länderspezifische Unterschiede bezüglich der als abzugsfähige Zinsaufwendungen behandelten Posten geben, und für andere steuerliche Zwecke wie die Quellenbesteuerung werden die Staaten weiterhin ihre eigenen Zinsdefinitionen verwenden. Bei der Identifizierung empfehlenswerter Verfahren für die Gestaltung von Regeln zur Bekämpfung der Gewinnverkürzung und Gewinnverlagerung ist es jedoch von Vorteil, dass die Staaten in Bezug auf die Posten, für die solche Regeln gelten sollten, einen weitgehend konsistenten Ansatz nutzen, was die Rechtssicherheit für die Unternehmen erhöht und einen länderübergreifend kohärenten Ansatz bei der Bekämpfung des Problems gewährleistet. In diesem Kapitel werden daher die Posten behandelt, die Gegenstand einer Best-Practice-Regel zur Bekämpfung von Gewinnverkürzung und Gewinnverlagerung sein sollten.

34. Nach der einfachsten Definition sind Zinsen die Kosten der Kreditaufnahme. Würde man den Fokus einer Regel jedoch auf ein so schmales Spektrum an Zahlungen beschränken[1], würde dies drei generelle Probleme aufwerfen:

- Die Regel würde nicht der ganzen Bandbreite an Gewinnverkürzungs- und Gewinnverlagerungsrisiken Rechnung tragen, denen sich die Staaten im Zusammenhang mit Betriebsausgabenabzügen für Zins- oder zinsähnliche Aufwendungen gegenübersehen.
- Sie wäre weniger gerecht, da dadurch Konzerne, die sich in der gleichen wirtschaftlichen Lage befinden, aber andere Arten von Finanzierungsstrukturen nutzen, unterschiedlich behandelt würden.
- Ihre Effekte könnten einfach umgangen werden, indem Konzerne Darlehen in andere Arten von Finanzierungsstrukturen umwandeln.

35. Um diese Probleme anzugehen, sollten Regeln zur Bekämpfung von Gewinnverkürzungen und Gewinnverlagerungen, die über Zinsaufwendungen herbeigeführt werden, auf Zinsen für alle Arten von Fremdkapital und auf sonstige Zahlungen, die Zinsen wirtschaftlich gleichzusetzen sind, angewandt werden. Zinsen wirtschaftlich gleichzusetzende Zahlungen umfassen Zahlungen, die mit der Finanzierung eines Unternehmens in Zusammenhang stehen und die ermittelt werden, indem im Zeitverlauf ein fester oder variabler Prozentsatz auf einen tatsächlichen oder fiktiven Kapitalbetrag angewandt wird. Eine Regel sollte auch für andere Aufwendungen im Zusammenhang mit der Mittelbeschaffung,

einschließlich Abschluss- und Bürgschaftsgebühren, gelten. Dieses Kapitel enthält eine nicht erschöpfende Beispielliste mit Arten von Zahlungen, die unter eine Regel fallen sollten, es bleibt jedoch jedem Staat überlassen, festzulegen, wie sich dies im innerstaatlichen Recht niederschlagen soll, wobei bestehende Definitionen von Zinsaufwendungen und anderen Zahlungen zu berücksichtigen sind. Bei der Entscheidung, ob eine Zahlung Zinsen wirtschaftlich gleichzusetzen ist, sollte der Fokus auf ihrem wirtschaftlichen Gehalt und nicht auf ihrer rechtlichen Form liegen.

36. Eine Best-Practice-Regel zur Bekämpfung der Gewinnverkürzung und Gewinnverlagerung durch Zinsaufwendungen sollte mithin für folgende Zahlungen gelten: *a)* Zinsen für alle Arten von Fremdkapital, *b)* Zinsen wirtschaftlich gleichzusetzende Zahlungen und *c)* Aufwendungen im Zusammenhang mit der Mittelbeschaffung. Diese sollten folgende Aufwendungen einschließen, jedoch nicht auf sie beschränkt sein:

- Zahlungen im Rahmen von partiarischen Darlehen;
- rechnerische Zinsen für Finanzinstrumente wie Wandelanleihen oder Zero-Bonds;
- Beträge im Rahmen alternativer Finanzierungsvereinbarungen wie z.B. islamischen Finanzierungen;
- der Finanzierungskostenanteil von Zahlungen für Finanzierungsleasing;
- kapitalisierte Zinsen, die im Bilanzwert des entsprechenden Vermögensgegenstands enthalten sind, bzw. Abschreibungen kapitalisierter Zinsen;
- Beträge, die gegebenenfalls unter Bezugnahme auf einen Finanzierungsertrag nach den Verrechnungspreisregeln bestimmt werden;
- fiktive Zinsbeträge für derivative Finanzinstrumente oder Sicherungsgeschäfte in Verbindung mit der Kreditaufnahme eines Unternehmens;
- bestimmte Fremdwährungsgewinne und -verluste aus Krediten und Instrumenten im Zusammenhang mit der Mittelbeschaffung;
- Bürgschaftsgebühren für Finanzierungsvereinbarungen;
- Abschlussgebühren und ähnliche Kosten im Zusammenhang mit der Kreditaufnahme.

37. Es wird anerkannt, dass Fremdwährungsgewinne und -verluste aus Finanzinstrumenten zur Absicherung oder zum Eingehen eines Währungsrisikos im Zusammenhang mit der Mittelbeschaffung Zinsen im Allgemeinen wirtschaftlich nicht gleichzusetzen sind. Es ist jedoch möglich, dass ein Staat wünscht, einige oder alle Fremdwährungsgewinne und -verluste aus diesen Instrumenten, den inländischen Steuervorschriften entsprechend und zur Berücksichtigung der wirtschaftlichen Logik des Währungsrisikos, als Zinsen wirtschaftlich gleichzusetzende Aufwendungen zu behandeln.

38. In diesem Bericht ist der Begriff Zinsaufwendungen, sofern sich aus dem Kontext nicht eindeutig etwas anderes ergibt, auch auf Beträge zu beziehen, die Zinsen wirtschaftlich gleichzusetzen sind. Desgleichen sind dort, wo der Bericht auf die Zinserträge eines Konzerns oder eines Unternehmens Bezug nimmt, auch Erträge gemeint, die der Definition und den Beispielen in diesem Kapitel zufolge Zinsen wirtschaftlich gleichzusetzen sind.

39. Der Best-Practice-Ansatz bezieht sich nicht auf Zahlungen, die keine Zinsen sind, Zinsen wirtschaftlich nicht gleichzusetzen sind bzw. nicht im Zusammenhang mit der Mittelbeschaffung anfallen. Daher sollten die in diesem Bericht dargelegten Regeln die Betriebsausgabenabzüge für Posten wie die Folgenden im Allgemeinen nicht begrenzen:

- Fremdwährungsgewinne und -verluste aus monetären Positionen, die nicht mit der Mittelbeschaffung in Zusammenhang stehen;
- Beträge für derivative Finanzinstrumente oder Sicherungsgeschäfte, die nicht mit Darlehen in Zusammenhang stehen, zum Beispiel Rohstoffderivate;
- Abzinsungen von Rückstellungen, die sich nicht auf Darlehen beziehen;
- Zahlungen für operatives Leasing;
- Lizenzgebühren;
- aufgelaufene Zinsen aus einem Altersvorsorgeplan mit Leistungsprimat.

40. Dem Best-Practice-Ansatz zufolge kann jedoch jede Zahlung (einschließlich der oben angeführten) einer Beschränkung unterliegen, wenn sie Bestandteil einer Gestaltung ist, bei der – insgesamt betrachtet – Beträge anfallen, die Zinsen wirtschaftlich gleichzusetzen sind.

41. Beispiel 3 in Anhang D veranschaulicht, wie diese Definition in der Praxis angewandt werden könnte.

42. Verfügt ein Staat über eine Regel, die einen fiktiven Betriebsausgabenabzug zulässt, für den ein bestimmter Prozentsatz auf das Eigenkapital eines Unternehmens angewandt wird, werden solche fiktiven Abzüge für die Zwecke dieses Berichts nicht als Zinsaufwendungen oder als Zinsen wirtschaftlich gleichzusetzende Zahlungen betrachtet. Entsprechende Regeln sowie Regeln mit einem vergleichbaren Effekt sollten von der OECD separat weiter untersucht werden.

Anmerkung

1. In diesem Bericht schließt der Begriff Zahlungen auch aktive und passive Rechnungsabgrenzungsposten ein.

Kapitel 3

Auf wen ein Best-Practice-Ansatz angewandt werden sollte

43. Gewinnverkürzungen und Gewinnverlagerungen können in unterschiedlichen Szenarien auftreten – sowohl innerhalb eines Konzerns als auch im Zusammenhang mit nahestehenden Dritten außerhalb des Konzernverbunds oder durch die Nutzung von strukturierten Gestaltungen mit fremden Dritten[1]. Der Best-Practice-Ansatz setzt sich mit den Risiken auseinander, die mit jedem dieser Szenarien verbunden sind, wobei jedoch unterschiedliche Regeln genutzt werden können, um verschiedenen Arten von Risiken entgegenzuwirken. Um zu bestimmen, für welche Unternehmen diese Regeln gelten sollten, werden drei Kategorien von Unternehmen unterschieden: Unternehmen, die Teil eines multinationalen Konzerns sind, Unternehmen, die Teil eines nationalen Konzerns sind, sowie eigenständige Unternehmen, die keinem Konzern angehören. Es wird empfohlen, dass der in diesem Bericht erörterte Best-Practice-Ansatz zumindest für alle Unternehmen gelten sollte, die Teil eines multinationalen Konzerns sind. Die Staaten können den Best-Practice-Ansatz auch umfassender anwenden und Unternehmen, die Teil eines nationalen Konzerns sind, und/oder eigenständige Unternehmen, die keinem Konzern angehören, einbeziehen[2].

Unternehmen, die Teil eines multinationalen Konzerns sind

44. Wie im BEPS-Aktionsplan (OECD, 2014) ausgeführt, kann die Abzugsfähigkeit von Zinsen sowohl bei Investitionen gebietsfremder Unternehmen im Inland (Inbound-Fall) als auch bei Investitionen gebietsansässiger Unternehmen im Ausland (Outbound-Fall) zu BEPS-Problemen führen. Es wird daher empfohlen, dass eine Festquotenregel, wie in Kapitel 6 beschrieben, zumindest für alle Unternehmen gelten sollte, die Teil eines multinationalen Konzerns sind.

45. Ein Unternehmen ist Teil eines Konzerns, wenn es unmittelbar oder mittelbar von einem anderen Unternehmen beherrscht wird oder wenn es ein oder mehrere andere Unternehmen unmittelbar oder mittelbar beherrscht. Bei einem Konzern handelt es sich um einen multinationalen Konzern, wenn er in mehr als einem Staat tätig ist, was auch über eine Betriebsstätte geschehen kann.

46. Wenn ein Staat neben der Festquotenregel auch eine Konzernquotenregel anwendet, empfiehlt es sich, die Definitionen der beiden Regeln aufeinander abzustimmen, um das Risiko zu verringern, dass ein der Festquotenregel unterliegendes Konzernunternehmen nicht in der Lage ist, die Konzernquotenregel anzuwenden. In diesem Fall könnte der betreffende Staat bei der Anwendung der Konzernquotenregel (wie in Kapitel 7 beschrieben) stattdessen bestimmen, dass ein Unternehmen Teil eines Konzerns ist, wenn: *a)* es auf voll konsolidierter Basis in den Konzernabschluss eines anderen Unternehmens einbezogen wird, oder *b)* es auf

voll konsolidierter Basis in den Konzernabschluss eines anderen Unternehmens einbezogen würde, wenn dieses andere Unternehmen einen Konzernabschluss im Einklang mit in dem betreffenden Staat anerkannten Rechnungslegungsgrundsätzen erstellen würde.

47. Wenn ein Konzern in einem bestimmten Staat über mehr als ein Unternehmen verfügt, kann der Staat die Festquotenregel und die Konzernquotenregel entweder separat auf die Position jedes einzelnen Konzernunternehmens oder auf die Gesamtposition aller Konzernunternehmen im selben Staat (d.h. den Inlandskonzern) anwenden[3]. Mit der Anwendung einer Regel auf die Gesamtposition des Inlandskonzerns würden Situationen vermieden, in denen einem Konzernunternehmen mit hohem Fremdkapitalanteil ein Zinsabzug versagt wird, obwohl die Zinsaufwendungen des Inlandskonzerns insgesamt unter dem zulässigen Grenzwert liegen.

48. Sofern der Festquotenreferenzwert in geeigneter Höhe angesetzt wird, dürfte das Risiko der Gewinnverkürzung und Gewinnverlagerung im Zusammenhang mit Zahlungen durch Unternehmen, die Teil eines multinationalen Konzerns sind, durch die Festquotenregel weitgehend ausgeräumt werden. Um die Wirksamkeit der Festquotenregel bei der Bekämpfung der Gewinnverkürzung und Gewinnverlagerung sicherzustellen, wird empfohlen, alle der Festquotenregel unterliegenden Unternehmen zusätzlich gezielten Bestimmungen zu unterwerfen, die Steuerplanungen zur Verringerung des Effekts der Regel entgegenwirken. Allerdings können spezifische Risiken bestehen, die von der Festquotenregel nicht erfasst werden, weshalb den Staaten empfohlen wird, die Einführung gezielter Regeln in Erwägung zu ziehen, um diesen Risiken zu begegnen. Die Rolle gezielter Regeln im Rahmen des Best-Practice-Ansatzes wird in Kapitel 9 erörtert.

Unternehmen, die Teil eines nationalen Konzerns sind

49. Unternehmen, die multinationalen Konzernen angehören, stellen das größte BEPS-Risiko dar. Es kann daher für einen Staat zweckmäßig sein, die Anwendung einer Festquotenregel auf diese Unternehmen zu beschränken. Ein Staat kann aber auch einen größeren Anwendungsbereich für die Festquotenregel wählen, der Unternehmen nationaler Konzerne (Konzerne, die ausschließlich innerhalb eines einzigen Landes tätig sind) einschließt. Dies kann Teil eines umfassenderen Ansatzes zur Bekämpfung der Gewinnverkürzung und Gewinnverlagerung bei Unternehmen aller Art sein oder der Umsetzung anderer Politikziele dienen, wie z.B. der Vermeidung ungleicher Wettbewerbsbedingungen für nationale und multinationale Konzerne, dem Abbau der allgemeinen steuerlichen Begünstigung der Fremdkapitalfinanzierung gegenüber der Eigenkapitalfinanzierung oder der Erfüllung verfassungsrechtlicher Verpflichtungen zur Gleichbehandlung der Steuerpflichtigen. Insbesondere müssen diejenigen Staaten, die Mitglieder der EU sind, bei der Gestaltung ihrer innerstaatlichen Regeln EU-rechtliche Erwägungen berücksichtigen, um sicherzustellen, dass sie nicht gegen EU-Recht verstoßen.

50. Bei der Anwendung einer Festquotenregel und einer Konzernquotenregel auf Unternehmen, die Teil eines nationalen Konzerns sind, kann ein Staat die Regeln entweder auf jedes einzelne Konzernunternehmen für sich genommen oder auf die Gesamtposition des nationalen Konzerns anwenden. In beiden Fällen dürfte die Festquotenregel BEPS-Risiken im Zusammenhang mit Zinsen weitgehend ausräumen. Allerdings können spezifische Risiken bestehen, die von der Festquotenregel nicht erfasst werden, weshalb den Staaten empfohlen wird, die Einführung gezielter Regeln, wie in Kapitel 9 erörtert, in Erwägung zu ziehen, um diesen Risiken zu begegnen.

51. Wenn ein Staat auf Unternehmen eines nationalen Konzerns keine Festquotenregel anwendet, setzt er sich Gewinnverkürzungs- und Gewinnverlagerungsrisiken aus, insbesondere im Zusammenhang mit Zinszahlungen an nahestehende Dritte sowie an fremde Dritte im Rahmen von strukturierten Gestaltungen. In diesem Fall sollte der betreffende Staat in Erwägung ziehen, diesen Risiken mit gezielten Regeln, wie in Kapitel 9 beschrieben, zu begegnen.

Eigenständige Unternehmen, die nicht Teil eines Konzerns sind

52. Als eigenständiges Unternehmen gilt jedes Unternehmen, das nicht Teil eines Konzerns ist. Auf Grund der Tatsache, dass ein eigenständiges Unternehmen keinem Konzern angehört, unterscheidet sich das mit einem eigenständigen Unternehmen verbundene Gewinnverkürzungs- und Gewinnverlagerungsrisiko in Art und Umfang oft von dem BEPS-Risiko, das von konzernangehörigen Unternehmen ausgeht. In vielen Fällen handelt es sich bei eigenständigen Unternehmen um kleine Unternehmen, die sich im direkten Eigentum einer natürlichen Person befinden, ohne dass es andere Unternehmen gäbe, die zusammen mit ihnen dem beherrschenden Einfluss eines anderen Rechtsträgers unterstehen. In diesen Fällen dürfte das Risiko einer Gewinnverkürzung und Gewinnverlagerung durch Zinsen auf Grund der geringen Größe des Unternehmens und mangels nahestehender Dritter relativ begrenzt sein. In anderen Fällen aber kann es sich bei eigenständigen Unternehmen um große Unternehmen handeln, die in komplexen Holdingstrukturen unter Beteiligung von Trusts oder Personengesellschaften gehalten werden, bei denen mehrere Unternehmen dem beherrschenden Einfluss derselben Investoren unterstehen. In diesen Fällen kann das Gewinnverkürzungs- und Gewinnverlagerungsrisiko ähnlich hoch sein wie bei einer Konzernstruktur. In beiden Szenarien ist eine etwaige Gewinnverkürzung und Gewinnverlagerung durch Zinsen auf Zahlungen an nahestehende Dritte und fremde Dritte zurückzuführen.

53. Ein Staat sollte Regeln anwenden, die den mit eigenständigen Unternehmen verbundenen Gewinnverkürzungs- und Gewinnverlagerungsrisiken entgegenwirken. Dabei kann der Staat für eigenständige Unternehmen entweder die Festquotenregel anwenden oder – in Anbetracht der unterschiedlichen Risiken, die von konzernangehörigen Unternehmen und von eigenständigen Unternehmen ausgehen – den Risiken bei eigenständigen Unternehmen mit anderen Regeln begegnen. In beiden Fällen sollten eigenständige Unternehmen aber gezielten Regeln zur Bekämpfung spezifischer Risiken unterliegen, wie in Kapitel 9 ausgeführt. EU-Mitgliedstaaten müssen bei der Gestaltung ihrer innerstaatlichen Regeln EU-rechtliche Erwägungen berücksichtigen, um sicherzustellen, dass sie nicht gegen EU-Recht verstoßen. Solche Erwägungen sollten bei der Gestaltung innerstaatlicher Regeln berücksichtigt werden, um ihre potenziellen negativen Auswirkungen auf Situationen, in denen keine Gewinnverkürzung oder Gewinnverlagerung stattfindet, zu begrenzen.

Geringfügigkeitsschwelle

54. Während das vorrangige Politikziel des in diesem Bericht dargelegten Best-Practice-Ansatzes darin besteht, der Gewinnverkürzung und Gewinnverlagerung durch Zinsen zu begegnen, wird zugleich anerkannt, dass bestimmte Unternehmen möglicherweise ein hinreichend geringes Risiko darstellen, um ihre Ausklammerung aus einer Festquotenregel und Konzernquotenregel zu rechtfertigen. Wenn diese Unternehmen von der Festquotenregel und Konzernquotenregel ausgenommen würden, könnte sich ein Best-Practice-Ansatz auf diejenigen Unternehmen konzentrieren, die ein wesentliches Gewinnverkürzungs- und Gewinnverlagerungsrisiko darstellen, wodurch sich die Befolgungskosten für

andere Unternehmen reduzieren würden. Die Verringerung der Zahl der erfassten Unternehmen würde auch die Kosten für die Anwendung einer solchen Regel senken und es der Steuerverwaltung ermöglichen, ihre Ressourcen auf diejenigen Unternehmen zu konzentrieren, die das größte Risiko darstellen.

55. Die Staaten können daher eine Geringfügigkeitsschwelle einführen, um risikoarme Unternehmen aus dem Geltungsbereich der Festquotenregel und der Konzernquotenregel auszuklammern. Es wird empfohlen, für diesen Schwellenwert den gesamten Nettozinsaufwand aller Unternehmen des Inlandskonzerns zu Grunde zu legen. Sollte ein Staat es vorziehen, bei der Anwendung einer solchen Schwelle den Nettozinsaufwand jedes einzelnen Konzernunternehmens separat zu berücksichtigen, ist es wichtig, dass die Regeln nicht missbraucht werden. Der Staat sollte daher die Einführung von Antifragmentierungsregeln in Erwägung ziehen, um zu verhindern, dass ein Konzern eine Regel zur Zinsabzugsbeschränkung umgeht, indem er mehrere Konzernunternehmen errichtet, die jeweils unter dem Schwellenwert liegen.

56. Eine Geringfügigkeitsschwelle auf Basis des Nettozinsaufwands sollte relativ einfach anzuwenden sein und würde dafür sorgen, dass Unternehmen mit hohem Fremdkapitalanteil unabhängig von ihrer Größe verpflichtet sind, eine allgemeine Regel zur Zinsabzugsbeschränkung zu befolgen. Bei der Festlegung der Höhe der Geringfügigkeitsschwelle sollte ein Staat eine Reihe von Faktoren berücksichtigen, darunter das lokale Wirtschafts- und Zinsumfeld sowie maßgebliche steuerliche oder rechtliche Erwägungen. Veränderungen dieser Faktoren kann durch eine regelmäßige Überprüfung und Aktualisierung Rechnung getragen werden.

Anmerkungen

1. Die Begriffe „nahestehende Dritte" und „strukturierte Gestaltungen" werden in Kapitel 9 definiert.
2. Es kann Fälle geben, in denen ein Staat gezwungen ist, die Festquotenregel umfassender anzuwenden, z.B. auf Unternehmen nationaler Konzerne. Beispielsweise müssen die Staaten möglicherweise verfassungsrechtliche Aspekte berücksichtigen, die einen direkten Einfluss auf Regeln zur Zinsabzugsbeschränkung haben könnten. Anhang A enthält zudem einen Überblick über diesbezügliche EU-rechtliche Fragen und Faktoren, die von EU-Mitgliedstaaten berücksichtigt werden sollten.
3. In Kapitel 11 werden unterschiedliche Ansätze dargelegt, die ein Staat – je nach Aufbau seines Steuersystems – bei der Anwendung einer Festquotenregel auf einen Inlandskonzern verfolgen kann.

Literaturverzeichnis

OECD (2014), *Aktionsplan zur Bekämpfung der Gewinnverkürzung und Gewinnverlagerung*, OECD Publishing, Paris, *http://dx.doi.org/10.1787/9789264209688-de*.

Kapitel 4

Anwendung eines Best-Practice-Ansatzes auf der Grundlage der Höhe der Zinsaufwendungen oder des Fremdkapitals

57. Ein wesentlicher Grund für Gewinnverkürzungen und Gewinnverlagerungen ist die für Konzerne bestehende Möglichkeit, steuerpflichtige Einkünfte künstlich von den zu Grunde liegenden Aktivitäten zu trennen, die für die Wertschöpfung ausschlaggebend sind. Dementsprechend besteht eines der Ziele des in diesem Bericht dargelegten Best-Practice-Ansatzes darin, die Höhe der abzugsfähigen Zinsaufwendungen eines Unternehmens an den Umfang seiner steuerpflichtigen wirtschaftlichen Aktivitäten zu knüpfen.

Anwendung des Best-Practice-Ansatzes zur Begrenzung der berücksichtigten Höhe der Zinsaufwendungen oder des Fremdkapitals eines Unternehmens

58. Eine allgemeine Regel zur Zinsabzugsbeschränkung kann entweder direkt über eine Beschränkung der Höhe des Zinsaufwands, den ein Unternehmen für Steuerzwecke in Abzug bringen kann, oder indirekt über eine Beschränkung der Höhe des Fremdkapitals, für das ein Unternehmen einen Zinsabzug geltend machen kann, greifen. Bei der Erwägung, welcher Ansatz in der Best-Practice-Empfehlung zum Tragen kommen sollte, wurden verschiedene Faktoren berücksichtigt. Dazu zählt insbesondere Folgendes:

- Gewinnverkürzungen und Gewinnverlagerungen durch Zinsen werden durch die Höhe der steuerlich abzugsfähigen Aufwendungen eines Unternehmens bestimmt. Eine Regel, die direkt die Höhe der abzugsfähigen Zinsaufwendungen begrenzt, wird diesem Umstand gerecht.
- Eine Regel, die die Höhe des Fremdkapitals begrenzt, für das Zinsaufwendungen in Abzug gebracht werden können, bewirkt nicht zwangsläufig die Beseitigung von BEPS-Risiken, wenn für ein Darlehen unangemessen hohe Zinssätze erhoben werden. Folglich würde eine solche Regel einen weiteren Mechanismus erfordern, um die maximalen Zinsen für das zulässige Fremdkapitalniveau zu bestimmen. Dies könnte durch eine Prüfung auf Fremdvergleichskonformität oder anteilsmäßige Zurechnung des tatsächlichen Zinsaufwands eines Unternehmens erfolgen, doch diese Ansätze würden einen zusätzlichen Schritt bei der Anwendung einer solchen Regel bedeuten und die Komplexität erhöhen.
- Ein Best-Practice-Ansatz sollte Gewinnverkürzungen und Gewinnverlagerungen sowohl im Zusammenhang mit Zinsen als auch mit Zinsen wirtschaftlich gleichzusetzenden Zahlungen entgegenwirken. Bei einigen Zahlungen, die Zinsen wirtschaftlich gleichzusetzen sind, besteht für ein Unternehmen jedoch gegenwärtig möglicherweise

keine Verpflichtung, eine mit der Zahlung verbundene Verbindlichkeit gesondert auszuweisen. Daher dürfte es für Unternehmen und Steuerverwaltungen einfacher sein, die Zinszahlungen (sowie Zinsen wirtschaftlich gleichzusetzenden Zahlungen), die steuerlich geltend gemacht werden, zu identifizieren und zu bewerten.

- Die Höhe des Fremdkapitals eines Unternehmens kann sich im Verlauf eines Veranlagungszeitraums verändern, so dass die Höhe des Fremdkapitals an einem bestimmten Tag – oder selbst ein Durchschnittswert für den Veranlagungszeitraum – möglicherweise nicht repräsentativ für die tatsächliche Fremdkapitalposition eines Unternehmens ist. Dagegen gibt die Höhe des Zinsaufwands eines Unternehmens alle Veränderungen der Fremdkapitalaufnahme während des gesamten Zeitraums wieder. Folglich dürfte diese Kennzahl ein zutreffenderes Bild der tatsächlichen Position des Unternehmens während des Veranlagungszeitraums liefern.
- Eine auf der Höhe des Fremdkapitals eines Unternehmens beruhende Regel könnte der Tatsache Rechnung tragen, dass für zwei Unternehmen mit gleich hohem Fremdkapital aus wirtschaftlichen Gründen unterschiedlich hohe Zinssätze gelten können (z.B. unter Berücksichtigung der Währung, in der die Mittelaufnahme erfolgt, sowie des Kreditrisikos). Dies wäre auch bei Anwendung einer Regel möglich, die direkt die abzugsfähigen Zinsaufwendungen eines Unternehmens begrenzt (z.B. durch Berücksichtigung der tatsächlichen Höhe der Zinsaufwendungen auf Konzernebene).
- Die Höhe des Fremdkapitals eines Unternehmens unterliegt der Kontrolle der Geschäftsführung und ist daher im Allgemeinen vorhersehbar. Die Höhe des Zinsaufwands aber kann auf Grund von Zinsänderungen schwanken. Folglich könnte eine Regel, die direkt die Höhe des Zinsaufwands begrenzt, einem Unternehmen die langfristige Fremdkapitalaufnahme erschweren, wenn ein Risiko besteht, dass die Zinssätze steigen könnten und das Unternehmen in zukünftigen Perioden mit einer Versagung von Zinsabzügen rechnen müsste.

59. In Anbetracht dieser Faktoren sowie der Tatsache, dass das vorrangige Politikziel darin besteht, Gewinnverkürzungen und Gewinnverlagerungen durch Zinsen entgegenzuwirken, umfasst der in diesem Bericht dargelegte Best-Practice-Ansatz Regeln, die direkt die Höhe des Zinsaufwands begrenzen, den ein Unternehmen steuerlich in Abzug bringen kann. Er enthält darüber hinaus Elemente, wie z.B. die Konzernquotenregel, die einige der potenziell damit einhergehenden Probleme lösen dürften. Wenn beispielsweise ein Konzern ein höheres Kreditrisiko aufweist und dementsprechend für sein extern aufgenommenes Fremdkapital einen höheren Zinssatz entrichten muss, wird dies im Rahmen der Konzernquotenregel bei der Festlegung der für die Unternehmen dieses Konzerns geltenden Höchstgrenze für den Steuerabzug berücksichtigt. Wie in der Einführung erläutert, kann ein Staat neben dem Best-Practice-Ansatz auch weiterhin eine Prüfung auf Fremdvergleichskonformität anwenden. Dadurch könnte beispielsweise sichergestellt werden, dass der von einem Unternehmen geltend gemachte Zinsaufwendungsbetrag mit dem Fremdvergleichsgrundsatz in Einklang steht, allerdings unterliegt dieser Betrag anschließend auch einer Begrenzung gemäß dem in diesem Bericht erörterten Best-Practice-Ansatz.

Anwendung des Best-Practice-Ansatzes zur Begrenzung der berücksichtigten Höhe des Bruttozinsaufwands oder Nettozinsaufwands eines Unternehmens

60. Eine weitere entscheidende Frage besteht darin, ob sich eine allgemeine Regel zur Zinsabzugsbeschränkung auf den einem Unternehmen für seine Mittelaufnahmen entstehenden Zinsaufwand ohne Verrechnung mit seinen Zinserträgen (Bruttozinsaufwand)

oder nach Verrechnung mit den von ihm erhaltenen Zinserträgen (Nettozinsaufwand) beziehen sollte.

61. Eine Bruttozinsregel hat den Vorteil, dass sie unkompliziert ist und es Konzernen schwerer fallen dürfte, sie durch entsprechende Planung zu umgehen. Andererseits könnte eine Bruttozinsregel zu Doppelbesteuerung führen, wenn die einzelnen Unternehmen mit ihren gesamten Bruttozinserträgen der Besteuerung unterliegen, ihnen aber zugleich der Steuerabzug für einen Teil ihrer Bruttozinsaufwendungen versagt wird.

62. Eine Nettozinsregel würde das Risiko der Doppelbesteuerung verringern, da die Zinserträge eines Unternehmens mit seinen Zinsaufwendungen verrechnet würden, bevor die Zinsabzugsbeschränkung greift. Sie würde es einem Konzernunternehmen außerdem ermöglichen, Fremdkapital konzernextern aufzunehmen und die aufgenommenen Mittel konzernintern weiterzuverleihen, ohne dafür eine Versagung des Zinsabzugs für einen Teil seiner Bruttozinsaufwendungen in Kauf nehmen zu müssen. In Anbetracht dieser Überlegungen beziehen sich die allgemeinen Regeln zur Zinsabzugsbeschränkung in diesem Bericht auf die an fremde Dritte, an nahestehende Dritte und an andere Konzernunternehmen entrichteten Nettozinsaufwendungen nach Verrechnung mit den Zinserträgen[1]. Die Regeln sollten für die gesamten Nettozinsaufwendungen eines Unternehmens gemäß den Ausführungen in Kapitel 2 gelten, um sicherzustellen, dass einer großen Bandbreite an BEPS-Risiken begegnet wird, einschließlich Fällen, in denen unangemessen hohe Zinsaufwendungen gegenüber Dritten in einem Hochsteuerland anfallen.

63. Die Tatsache, dass ein Unternehmen einen relativ niedrigen Nettozinsaufwand hat, bedeutet jedoch nicht, dass keine Gewinnverkürzung und Gewinnverlagerung stattfindet. Beispielsweise könnte ein Unternehmen mit Nettozinserträgen Zinsaufwendungen nutzen, um diese Erträge vor der Besteuerung zu schützen. Außerdem könnten andere Formen von steuerpflichtigen Einkünften als Zinserträge getarnt werden, um den Nettozinsaufwand, auf den die Regel angewendet werden kann, zu verringern. Daher wird den Staaten empfohlen, die allgemeinen Regeln zur Zinsabzugsbeschränkung durch gezielte Regeln zu ergänzen, die in bestimmten Situationen, in denen ein Gewinnverkürzungs- und Gewinnverlagerungsrisiko festgestellt wurde, den Abzug von Bruttozinsaufwendungen versagen. Dies wird in Kapitel 9 erörtert. Ferner haben Regeln, die dazu dienen, den abzugsfähigen Nettozinsaufwand zu begrenzen, keinen Effekt auf Unternehmen, die auf Grund ihres Geschäftsmodells im Allgemeinen Nettozinsempfänger sind. Dies ist insbesondere im Banken- und im Versicherungssektor der Fall, auf die in Kapitel 10 eingegangen wird.

Option einer Ausnahmeregelung für bestimmte Projekte zum Nutzen der Allgemeinheit

64. Der in diesem Bericht dargelegte Best-Practice-Ansatz sieht eine allgemeine Begrenzung der Höhe der Nettozinsaufwendungen vor, die ein Unternehmen steuerlich in Abzug bringen kann. Die Festquotenregel sollte konsequent auf alle Zinszahlungen an fremde Dritte, nahestehende Dritte und andere Konzernunternehmen angewandt werden. Als Ausnahme von diesem allgemeinen Grundsatz kann ein Staat jedoch Zinsaufwendungen für bestimmte Darlehen Dritter, die die nachstehend aufgeführten Bedingungen erfüllen, aus dem Anwendungsbereich der Festquotenregel und Konzernquotenregel ausklammern. Abgesehen von den in diesem Bericht genannten Fällen sollten keine weiteren Ausnahmen gewährt werden.

65. In einigen Ländern kann es sich bei in Privateigentum befindlichen Vermögensgegenständen, die der Allgemeinheit zugute kommen, um großvolumige Wirtschaftsgüter handeln, die mit einem hohen Anteil an Fremdkapital finanziert werden. Auf Grund der Beschaffenheit dieser Vermögensgegenstände und der engen Verbindung mit dem öffentlichen Sektor sind aber einige dieser Finanzierungsmodelle mit keinerlei oder nur geringen Gewinnverkürzungs- oder Gewinnverlagerungsrisiken verbunden.

66. In Anbetracht der speziellen Gegebenheiten des öffentlichen Sektors kann ein Staat bei der Berechnung des Nettozinsaufwands eines Unternehmens, der nach dem Best-Practice-Ansatz einer Begrenzung unterliegt, bestimmte Beträge für Darlehen Dritter im Zusammenhang mit spezifischen Wirtschaftsgütern ausklammern. Um sicherzustellen, dass dieser Ansatz gezielt nur auf jene Projekte ausgerichtet ist, die kein Gewinnverkürzungs- oder Gewinnverlagerungsrisiko darstellen, müssen folgende Bedingungen erfüllt sein:

- Ein Unternehmen (der Betreiber) führt ein Projekt aus, dessen Gegenstand die Bereitstellung (oder Verbesserung), der Betrieb und/oder die Instandhaltung von Wirtschaftsgütern auf einer langfristigen Basis von mindestens 10 Jahren ist, wobei diese Wirtschaftsgüter nicht nach dem Ermessen des Betreibers veräußert werden können.
- Eine öffentliche Stelle oder ein gemeinnütziges Unternehmen (der Konzessionsgeber)[2] verpflichtet den Betreiber vertraglich oder anderweitig, Waren oder Dienstleistungen bereitzustellen, an denen ein allgemeines öffentliches Interesse besteht[3]. Diese Regelung muss zusätzlich zu den allgemein für Unternehmen oder andere gewerbliche Rechtsträger in einem Staat geltenden Regeln spezifischen Kontrollen bzw. einem Regulierungsrahmen unterliegen.
- Der Betreiber hat Zinsen auf ein oder mehrere rückgriffsfrei bei Dritten aufgenommene und ihnen zurückzuzahlende Darlehen zu entrichten, so dass sich die Rückgriffs- und Sicherungsrechte des Kreditgebers auf die Vermögensgegenstände und Ertragsströme des jeweiligen Projekts beschränken. Für Gestaltungen, die ein Rückgriffsrecht auf andere Vermögensgegenstände, Garantien durch andere Konzerngesellschaften oder anderweitige Möglichkeiten eines über das Projektvermögen hinausgehenden Rückgriffs bieten, gilt die Ausnahmeregel nicht.
- Das bzw. die Darlehen an den Betreiber sind nicht höher als der Wert oder Schätzwert der Wirtschaftsgüter beim Erwerb oder bei Abschluss ihrer Errichtung, es sei denn es werden zusätzliche Investitionen zum Zweck des Werterhalts oder der Wertsteigerung getätigt. Vorbehaltlich einer minimalen und nur gelegentlich auftretenden Mittelvergabe an Dritte (z.B. einer Bankeinlage) sollten keine der Mittel weiterverliehen werden.
- Der Betreiber, der Zinsaufwand, das Projektvermögen sowie die Erträge aus dem Projekt befinden sich alle in ein und demselben Staat, in dem die Erträge der Besteuerung zum normalen Steuersatz unterliegen müssen[4]. Wird das Projektvermögen in einer Betriebsstätte gehalten, so gilt die Ausnahme nur insoweit, als die Erträge aus dem Projekt in dem Staat, der die Ausnahmeregelung anwendet, der Besteuerung zum normalen Steuersatz unterliegen.
- Vergleichbare Projekte des Betreibers oder vergleichbare Projekte anderer Unternehmen des Konzerns, dem der Betreiber angehört, weisen – unter Berücksichtigung der Projektlaufzeiten – keinen wesentlich niedrigeren Anteil an externem Fremdkapital auf.

67. Staaten, die von der Ausnahmeregelung Gebrauch machen, können zusätzliche Regeln einführen, die vor Anwendung einer Ausnahme einzuhalten sind, um zu verhindern, dass die Ausnahmeregelung von Unternehmen in Anspruch genommen wird, die nicht an

Projekten zum Nutzen der Allgemeinheit beteiligt sind. Dazu könnte das Erfordernis zählen, dass die Inanspruchnahme der Ausnahme nicht das Hauptmotiv dafür sein darf, dass bei der Gestaltung der betreffenden Finanzierungsvereinbarungen die anderen Bedingungen der Ausnahmeregelung erfüllt werden. Staaten, die von der Ausnahmeregelung Gebrauch machen, sollten vollständige Informationen über den Geltungsbereich der innerstaatlichen Rechtsvorschriften sowie die Umstände, unter denen sie angewendet werden können, veröffentlichen und Mechanismen für den spontanen Informationsaustausch mit allen betroffenen Staaten über die von der Ausnahme profitierenden Unternehmen und deren Investoren einrichten. Um zu bestimmen, mit welchen Staaten ein derartiger spontaner Informationsaustausch zu erfolgen hat, wird der in Kapitel 5 des OECD-Berichts *Wirksamere Bekämpfung schädlicher Steuerpraktiken unter Berücksichtigung von Transparenz und Substanz* (OECD, 2016) erläuterte Rahmen herangezogen. Staaten, die die Ausnahmeregelung einführen, sollten deren Funktionsweise überwachen, um zu der nachstehend erwähnten Überprüfung beizutragen. Diese Staaten sollten die Steuerpflichtigen dazu verpflichten, eine Inanspruchnahme dieser Ausnahme klar auszuweisen.

68. Ein Staat, der die Ausnahmeregelung anwendet, sollte außerdem Maßnahmen ergreifen um sicherzustellen, dass bei Anwendung dieser Ausnahme die Erträge und Vermögensgegenstände aus dem betreffenden Projekt sowie damit zusammenhängende Zinsaufwendungen nicht eingesetzt werden, um diesem Unternehmen oder anderen Konzernunternehmen in diesem Staat weitere Zinsabzüge zu ermöglichen. Der Staat sollte daher die Anwendung der Festquotenregel und der Konzernquotenregel so anpassen, dass bei Inanspruchnahme der Ausnahme durch ein Unternehmen Folgendes gewährleistet ist:

- Jegliche aus dem Projekt (und/oder dem Projektvermögen) stammenden Erträge werden aus der Berechnung der Gewinne oder Vermögenswerte nach der Festquotenregel und der Konzernquotenregel ausgeklammert.
- Die von der Zinsabzugsbegrenzung ausgenommenen Zinsaufwendungen sollten bei Anwendung der Konzernquotenregel nicht im Nettozinsaufwand des Konzerns gegenüber Dritten berücksichtigt werden.

69. Es besteht auch das Risiko, dass unter diese Ausnahmeregelung fallende Zinsen eingesetzt werden, um die Obergrenze für den abzugsfähigen Nettozinsaufwand von Konzernunternehmen in anderen Staaten, in denen eine Konzernquotenregel gilt, zu erhöhen. Daher kann ein Staat bei Anwendung der Konzernquotenregel jegliche Zinsaufwendungen gegenüber Dritten ausklammern, die in einem anderen Staat von der Zinsabzugsbeschränkung ausgenommen sind. Analog dazu können Projekterträge und -vermögen aus der Berechnung der Gewinne oder Vermögenswerte eines Konzerns ausgeklammert werden. Informationen darüber, ob die Ausnahmeregelung angewendet wurde, können sich die Staaten beschaffen, indem sie von den in entsprechenden internationalen Übereinkommen verankerten Bestimmungen zum Informationsaustausch Gebrauch machen. Es steht einem Staat frei, zur Verringerung der Komplexität auf die in diesem Abschnitt erläuterten Anpassungen zu verzichten.

70. Die Ausgestaltung und die praktische Anwendung dieser Ausnahmeregelung werden Bestandteil der ersten Überprüfung des Best-Practice-Ansatzes sein, die spätestens Ende 2020 stattfinden soll. Dabei wird auch untersucht werden, wie die Ausnahmeregelung eingesetzt wird, um sicherzustellen, dass sie keine Gewinnverkürzungs- oder Gewinnverlagerungsrisiken verursacht. Infolge dieser Überprüfung könnte eine Überarbeitung oder Abschaffung der Ausnahmeregelung erfolgen.

71. EU-rechtliche Aspekte werden in Anhang A behandelt.

Anmerkungen

1. Der Begriff „nahestehende Dritte" wird in Kapitel 9 definiert.
2. Bei einem gemeinnützigen Unternehmen handelt es sich im Allgemeinen um ein Unternehmen, dessen vorrangiges Ziel in der Bereitstellung von Waren oder Dienstleistungen für die Allgemeinheit, eine Gemeinde oder soziale Zwecke besteht und bei dem etwaige Kapitalbeteiligungen mit dem Ziel getätigt werden, die vorrangigen Ziele des Unternehmens zu unterstützen, anstatt einen finanziellen Ertrag für die Kapitaleigner zu erwirtschaften. Die von einem Staat verwendete Definition eines gemeinnützigen Unternehmens kann in der Gesetzgebung oder einem maßgeblichen Rechnungslegungsstandard verankert sein.
3. Als Wirtschaftsgüter, die Waren und Dienstleistungen bereitstellen, an denen ein allgemeines öffentliches Interesse besteht, gelten im Allgemeinen Vermögensgegenstände, bei denen es sich um öffentliche Güter handelt.
4. Mitgliedstaaten der Europäischen Union müssen bei der Gestaltung ihrer innerstaatlichen Regeln EU-rechtliche Erwägungen berücksichtigen.

Literaturverzeichnis

OECD (2016), *Wirksamere Bekämpfung schädlicher Steuerpraktiken unter Berücksichtigung von Transparenz und Substanz, Aktionspunkt 5 – Abschlussbericht 2015*, OECD/G20 Projekt Gewinnverkürzung und Gewinnverlagerung, OECD Publishing, Paris, erscheint demnächst.

Kapitel 5

Messung wirtschaftlicher Tätigkeit anhand der Gewinne oder der Vermögenswerte

72. Festquotenregeln und Konzernquotenregeln beschränken die Fähigkeit eines Unternehmens, Zinsaufwendungen in Abzug zu bringen, auf der Grundlage einer objektiven Messgröße seiner wirtschaftlichen Tätigkeit. Die Arbeiten zur Entwicklung eines Best-Practice-Ansatzes konzentrierten sich auf Gewinne und Vermögenswerte als den Messgrößen, die den Umfang der Aktivitäten und der Wertschöpfung in einem multinationalen Konzern am klarsten widerspiegeln.

Messung wirtschaftlicher Tätigkeit anhand der Gewinne

73. Wie im vorigen Kapitel betont, besteht eines der Ziele des BEPS-Projekts darin, gegen Praktiken vorzugehen, die die steuerpflichtigen Einkünfte künstlich von den Aktivitäten trennen, mit denen sie erwirtschaftet werden. Für die meisten Unternehmen wird erwartet, dass zwischen Gewinnen und steuerpflichtigen Einkünften ein klarer Zusammenhang besteht. Daher dürfte die Messung der wirtschaftlichen Tätigkeit anhand der Gewinne die effektivste Methode sein, um sicherzustellen, dass sich die Fähigkeit, Nettozinsaufwendungen in Abzug zu bringen, mit den Aktivitäten deckt, mit denen die steuerpflichtigen Einkünfte generiert werden und die für die Wertschöpfung ausschlaggebend sind. Zudem sind die Gewinne – je nachdem welche Gewinndefinition verwendet wird – ein nützlicher Indikator für die Fähigkeit eines Unternehmens, seinen Zinszahlungsverpflichtungen nachzukommen, weshalb sie eines der entscheidenden Kriterien sind, die zur Bestimmung des Umfangs an Fremdkapital verwendet werden, den ein Unternehmen aufnehmen kann.

74. Ein weiterer Vorteil eines gewinnbezogenen Ansatzes ist, dass er eine allgemeine Regel zur Zinsabzugsbeschränkung widerstandsfähiger gegenüber Steuerplanung macht. Wenn die Höhe der abzugsfähigen Nettozinsaufwendungen in einem Konzernunternehmen an die Gewinne geknüpft ist, kann ein Konzern in einem bestimmten Staat dann nur höhere Nettozinsaufwendungen in Abzug bringen, wenn er die Gewinne in diesem Staat erhöht. Dementsprechend bewirken Umstrukturierungen der Geschäftstätigkeit, durch die Gewinne aus einem Staat wegverlagert werden, dass sich auch die Höhe der abzugsfähigen Nettozinsaufwendungen in diesem Staat verringert. Unter der Annahme, dass eine Erhöhung der Gewinne auch zu einer Erhöhung der steuerpflichtigen Einkünfte führt, ist es unwahrscheinlich, dass die Höhe der Gewinne manipuliert wird, um die Zinsabzüge in einem Staat zu erhöhen.

75. Der BEPS-Aktionsplan (OECD, 2014) verlangt ausdrücklich, dass Regeln ausgearbeitet werden, mit denen Gewinnverkürzungen und Gewinnverlagerungen entgegengewirkt werden kann, bei denen Zinsaufwendungen zur Finanzierung von steuerbefreiten oder

steuerlich aufgeschobenen Einkünften verwendet werden. Ein dritter wichtiger Vorteil eines gewinnbezogenen Ansatzes ist, dass die Gewinndefinition angepasst werden kann, um Einkünfte auszuklammern, die steuerlich begünstigt sind. Ein Paradebeispiel hierfür sind Dividendeneinkünfte, die in vielen Ländern steuerbefreit sind oder mit einem ermäßigten Satz besteuert werden (vorbehaltlich bestimmter Bedingungen, beispielsweise einer Mindesthaltedauer).

76. Der größte Nachteil der Gewinne als Messgröße der wirtschaftlichen Tätigkeit ist, dass die Gewinne eines Konzernunternehmens relativ stark schwanken können und dass ein Konzern darauf nur begrenzt Einfluss nehmen kann. Das bedeutet, dass es bei Anwendung einer gewinnbezogenen Regel für ein Unternehmen schwer sein kann vorherzusehen, wie hoch die Nettozinsaufwendungen sein werden, die es in den Folgejahren in Abzug bringen kann. Damit könnte es für ein Unternehmen schwierig werden, die Kreditkosten langfristiger Projekte zu berechnen, weil es nicht weiß, in welchem Umfang seine Zinskosten abzugsfähig sein werden. Bis zu einem gewissen Grad kann diesen Problemen bei der Ausarbeitung eines Best-Practice-Ansatzes begegnet werden, beispielsweise indem einem Unternehmen gestattet wird, seine wirtschaftliche Tätigkeit auf der Grundlage der durchschnittlichen Gewinne mehrerer Zeiträume zu messen, oder indem ihm der Vortrag von Zinsaufwendungen, die nicht abgezogen werden konnten, sowie von ungenutztem Zinsabzugspotenzial ermöglicht wird. Diese Ansätze werden in Kapitel 8 erörtert.

77. Ein besonderer Aspekt von Gewinnschwankungen ist die Möglichkeit negativer Gewinne (d.h. Verluste). Bei einem gewinnbezogenen Ansatz ist es einem Unternehmen, das negative Gewinne verzeichnet, nicht möglich, seine Nettozinsaufwendungen im laufenden Veranlagungszeitraum in Abzug zu bringen. Dies könnte im Prinzip bedeuten, dass ein Unternehmen, das Verluste schreibt, auf Grund einer Versagung des Zinsabzugs Steuern zahlen muss. Allerdings könnte sich dieses Risiko verringern, je nachdem welche Gewinndefinition angewandt wird und ob man sich auf Steuer- oder Rechnungslegungsdaten stützt. Weitere Mechanismen, wie beispielsweise der Zinsvortrag, sollten es einem Verluste schreibenden Unternehmen ermöglichen, nicht auf den Vorteil eines Zinsabzugs verzichten zu müssen und diesen geltend zu machen, wenn es wieder Gewinne erzielt.

Gewinndefinition

78. Was die zu verwendende Gewinndefinition betrifft, sind sowohl das Ergebnis vor Zinsen, Steuern und Abschreibungen (EBITDA) als auch das Ergebnis vor Zinsen und Steuern (EBIT bzw. Betriebsergebnis) mögliche Optionen. In beiden Fällen sollten steuerfreie Einkünfte wie Gewinne von Zweigniederlassungen oder Dividendeneinkünfte, für die Schachtelprivilegien gelten, nicht in die Berechnung der Gewinne einbezogen werden. Auch für steuerpflichtige Gewinne von Zweigniederlassungen und Dividendeneinkünfte sollten, soweit diese auf Grund der Anrechnung ausländischer Steuern von der Besteuerung abgeschirmt sind, angemessene Anpassungen vorgenommen werden, um den Problemen der Gewinnverkürzung und Gewinnverlagerung zu begegnen, die Gegenstand dieses Berichts sind[1]. Das EBITDA ist die von Staaten, die gewinnbezogene Kriterien anwenden, derzeit am häufigsten verwendete Messgröße. Durch Ausklammerung der zwei wichtigsten nicht zahlungswirksamen Kostenarten in einer normalen Erfolgsrechnung (Abschreibungen auf Sachanlagen und Abschreibungen auf immaterielle Werte) gibt das EBITDA Aufschluss über die Fähigkeit eines Unternehmens, seinen Zinszahlungsverpflichtungen nachzukommen. Es ist zudem ein Gewinnmaß, das häufig von Kreditgebern angewandt wird, um über die Höhe der Zinsausgaben zu entscheiden, die ein Unternehmen zu tragen in der Lage sein dürfte. Allerdings könnte die Verwendung des EBITDA Unternehmen

begünstigen, die in Branchen mit hohen Sachkapitalinvestitionen tätig sind. Dies liegt daran, dass im EBITDA die Abschreibungen von aktivierten Kosten wie Investitionen in Anlagen und Maschinen nicht berücksichtigt sind, wohingegen laufende Kosten berücksichtigt sind, die den Großteil der Kostenbemessungsgrundlage von in anderen Branchen tätigen Unternehmen ausmachen. Die vorliegenden Daten lassen für alle Branchen zusammengenommen darauf schließen, dass das Verhältnis Bruttozinsaufwand/EBIT auf der Basis von Informationen aus den Konzernabschlüssen im Durchschnitt ungefähr 40% höher liegt als das Verhältnis Bruttozinsaufwand/EBITDA, wobei allerdings erhebliche Unterschiede zwischen verschiedenen Branchen bestehen können.

Messung wirtschaftlicher Tätigkeit anhand der Vermögenswerte

79. Der Hauptvorteil eines vermögensbasierten Ansatzes für die Messung wirtschaftlicher Tätigkeit ist, dass Vermögenswerte in der Regel stabiler sind (außer im Fall von Wertberichtigungen und Abschreibungen sowie von Vermögensgegenständen, die nach den Rechnungslegungsvorschriften zum Zeitwert auszuweisen sind). Das bedeutet, dass die Verwendung der Vermögenswerte als Grundlage für die Messung der wirtschaftlichen Tätigkeit in einem Konzern zu einer relativ stabilen und vorhersehbaren Obergrenze für die Zinsaufwendungen führen dürfte, die in Abzug gebracht werden können. Dies würde die Planungssicherheit für die Konzerne erhöhen und könnte auch die Befolgungskosten verringern. Außerdem würde ein auf den Vermögenswerten basierender Ansatz bedeuten, dass auch Verluste schreibende Unternehmen noch einen Nettozinsaufwendungsbetrag in Abzug bringen könnten, was nach einem gewinnbezogenen Ansatz nicht möglich wäre.

80. Um eine genaue Messung der wirtschaftlichen Aktivitäten eines Konzernunternehmens zu gewährleisten, sollte eine vermögensbasierte Regel dem Wert der Vermögensgegenstände Rechnung tragen, die für die Wertschöpfung des Konzerns ausschlaggebend sind. Dazu gehören Vermögensgegenstände wie Grundstücke und Gebäude, Anlagen und Ausrüstungen, immaterielle Werte sowie Finanzwerte, mit denen andere Einkünfte als Zinseinnahmen erwirtschaftet werden, aber unter Ausklammerung von Vermögensgegenständen, die zu nichtsteuerpflichtigen Einkünften führen (wie Aktienbesitz, der steuerbefreite Dividendeneinnahmen bringt). Allerdings ist es bei der Nutzung eines vermögensbasierten Ansatzes für die Zwecke der Anwendung einer Festquotenregel entscheidend, zu einem konsistenten und akzeptablen Modell für die Bewertung dieser verschiedenen Kategorien von Vermögensgegenständen zu gelangen. Bei materiellen Wirtschaftsgütern wie Grundstücken, Gebäuden, Anlagen und Ausrüstungen wäre die Auflage, den Marktwert zu Grunde zu legen, nicht praktikabel und für Konzerne mit einem zu hohen Befolgungsaufwand verbunden. Eine Bewertung auf Basis der fortgeführten Anschaffungs- bzw. Herstellungskosten würde jedoch, je nach Alter der Vermögensgegenstände, zu Unstimmigkeiten führen und könnte durch Entscheidungen der Geschäftsleitung beeinflusst werden, z.B. bezüglich der Abschreibungszeiträume und des Zeitpunkts der Wertberichtigungen und Abschreibungen. Die Anschaffungs- bzw. Herstellungskosten dürften auch kaum dem tatsächlichen Wert entsprechen, den ein Vermögensgegenstand zur Wirtschaftstätigkeit eines Konzerns beisteuert. Immaterielle Werte wie Warenzeichen und Patente können die wertvollsten Vermögensgegenstände eines Konzerns sein. Rechnungslegungsgrundsätze stellen jedoch häufig strenge Anforderungen an Konzerne, bevor diese in der Lage sind, einen immateriellen Wert in ihrer Bilanz zu berücksichtigen, vor allem wenn der betreffende Wert intern geschaffen wurde. Das bedeutet, dass ein Ansatz zur Begrenzung des Zinsabzugs, der auf den in der Rechnungslegung ausgewiesenen Vermögenswerten basiert, im Fall

einer Reihe großer Konzerne die wertvollsten Vermögensgegenstände des Konzerns nicht direkt berücksichtigt (auch wenn immaterielle Werte möglicherweise insofern indirekt berücksichtigt werden, als sie zu Gewinnen führen, die nicht ausgeschüttet werden und so als einbehaltene Gewinne in das Eigenkapital eingehen). Ein spezieller Bereich, in dem Unterschiede bei der Behandlung von Vermögensgegenständen nach verschiedenen Rechnungslegungsgrundsätzen bestehen, ist die Berücksichtigung von Finanzwerten wie Derivativpositionen und insbesondere die für Konzerne bestehende Möglichkeit, Positionen brutto oder netto auszuweisen. Dies kann zu einer erheblichen Differenz bei der Höhe der Bilanzsumme eines Konzerns führen und steht nach manchen Rechnungslegungsgrundsätzen im Ermessen der Geschäftsleitung des Konzerns, sofern bestimmte Bedingungen erfüllt sind. Diese Fragen sind vor allem bei Anwendung einer vermögensbasierten Festquotenregel ein Problem, da in solchen Fällen eine feste Referenzquote auf Vermögenswerte angewandt wird, die je nach den von verschiedenen Konzernen verwendeten Rechnungslegungsgrundsätzen und -verfahren erheblich schwanken können. Fragen des Ausweises und der Bewertung von Vermögensgegenständen könnten bei der Anwendung einer Konzernquotenregel weniger ein Problem darstellen, sofern auf Ebene der einzelnen Konzernunternehmen und des Konzerns ein konsistenter Ansatz verfolgt wird.

Vorgeschlagener Ansatz

81. Insgesamt und unter Berücksichtigung der obigen Faktoren scheint es, dass für eine Festquotenregel die Gewinne die geeignetste Messgröße der wirtschaftlichen Tätigkeit von Konzernen in der Mehrzahl der Branchen und in verschiedenen Ländern sind. Bei Anwendung einer Konzernquotenregel sind die Unterschiede zwischen einem gewinnbezogenen und einem auf den Vermögenswerten basierenden Ansatz weniger von Bedeutung. Der in diesem Bericht beschriebene Best-Practice-Ansatz spiegelt dies wider.

82. Es wird empfohlen, dass eine Festquotenregel die Gewinne anhand des EBITDA messen sollte. Ein Staat kann allerdings eine Festquotenregel anwenden, die die Gewinne anhand des EBIT misst, sofern die anderen Elemente der Regel mit dem Best-Practice-Ansatz in diesem Bericht übereinstimmen. Wenn ein Staat eine auf dem EBIT basierende Festquotenregel anwendet, sollte der verwendete Referenzwert für die Nettozinsaufwand/EBIT-Quote gleichwertig mit dem in Kapitel 6 beschriebenen angemessenen Referenzwert für die Nettozinsaufwand/EBITDA-Quote sein, wobei zu berücksichtigen ist, an welcher Stelle des Korridors sich der betreffende Staat nach den in Kapitel 6 genannten Faktoren befinden würde. Bei der Prüfung der Frage, ob ein bestimmter Referenzwert für das Verhältnis Nettozinsaufwand/EBIT gleichwertig mit einer Nettozinsaufwand/EBITDA-Quote ist, sollte sich ein Staat an den Differenzen zwischen den durchschnittlichen EBIT- und EBITDA-Zahlen in den wichtigsten Sektoren seiner Volkswirtschaft orientieren.

83. Wenn die Volkswirtschaft eines bestimmten Staates in erheblichem Maße von stark kapitalisierten Konzernen abhängig ist, deren Aktivitäten sich auf Sachanlagegüter mit langen Abschreibungszeiträumen stützen, dürften die Gewinne dennoch eine geeignete Messgröße der wirtschaftlichen Tätigkeit für die Zwecke der Anwendung einer Festquotenregel darstellen. Allerdings können dann in Ausnahmefällen alternativ auch die Vermögenswerte zu Grunde gelegt werden. Wenn ein Staat eine auf den Vermögenswerten basierende Festquotenregel anwendet, sollten andere Elemente der Regel mit dem Best-Practice-Ansatz übereinstimmen. Beispielsweise sollte die Regel zur Begrenzung der Nettozinsaufwendungen angewandt werden, die an konzernexterne Dritte und an Konzernunternehmen gezahlt werden, die im selben Land oder in anderen Ländern angesiedelt sind. Die bei einer Wertermittlung berücksichtigten Vermögensgegenstände sollten die wichtigsten

Kategorien von Vermögensgegenständen umfassen, die für die Wirtschaftstätigkeit in einem Konzern ausschlaggebend sind, wobei jedoch Vermögensgegenstände ausgeklammert werden sollten, die zu steuerbefreiten Einkünften wie beispielsweise Dividenden führen, für die ein Schachtelprivileg geltend gemacht werden kann. Die Vermögenswerte können anhand von Rechnungslegungs- oder Steuerdaten ermittelt werden, dies sollte aber einheitlich gehandhabt werden. Der verwendete Referenzwert für das Verhältnis Nettozinsaufwand/Vermögensgegenstände sollte gleichwertig mit dem in Kapitel 6 beschriebenen angemessenen Referenzwert für das Verhältnis Nettozinsaufwand/EBITDA sein, wobei zu berücksichtigen ist, an welcher Stelle des Korridors sich der betreffende Staat nach den in Kapitel 6 genannten Faktoren befinden würde. Bei der Prüfung der Frage, ob ein bestimmter Referenzwert für das Verhältnis Nettozinsaufwand/Vermögensgegenstände gleichwertig mit einer Nettozinsaufwand/EBITDA-Quote ist, kann sich ein Staat an der Zahl der betroffenen Konzerne und der Gesamthöhe der nicht zum Abzug zugelassenen Zinsaufwendungen orientieren.

84. Wenn ein Staat eine Festquotenregel und eine Konzernquotenregel anwendet, die beide auf den Gewinnen basieren, wird empfohlen, dass bei beiden Regeln entweder das EBITDA oder das EBIT zu Grunde gelegt wird. Wie in Kapitel 7 beschrieben, kann ein Staat eine gewinnbezogene Festquotenregel auch zusätzlich zu einer auf den Vermögenswerten basierenden Konzernquotenregel anwenden, sofern die Konzernquotenregel es einem Konzernunternehmen nur gestattet, den Festquotenreferenzwert zu überschreiten, wenn es nachweisen kann, dass eine einschlägige Finanzkennzahl (wie das Verhältnis Eigenkapital/Bilanzsumme) mit der entsprechenden Kennzahl des Konzerns im Einklang steht.

Anmerkung

1. Wenn für die Gewinne einer Zweigniederlassung ein Schachtelprivileg gilt, sollte das EBITDA bzw. EBIT des Unternehmens um einen dem EBITDA bzw. EBIT der Zweigniederlassung entsprechenden Betrag verringert werden. Wenn die Gewinne einer Zweigniederlassung steuerpflichtig sind, sollte das EBITDA bzw. EBIT um einen Betrag verringert werden, der einem Anteil des EBITDA bzw. EBIT der Zweigniederlassung entspricht, der sich danach bemisst, in welchem Umfang die Steuern auf die Gewinne der Zweigniederlassung durch Steueranrechnungen abgeschirmt sind. Nach einem der möglichen Ansätze gilt so, dass das EBITDA bzw. EBIT des Unternehmens, wenn 25% der Steuerverbindlichkeiten des Unternehmens auf die Gewinne der Zweigniederlassung durch Steueranrechnungen abgeschirmt sind, um einen Betrag verringert werden sollte, der 25% des EBITDA bzw. EBIT der Zweigniederlassung entspricht.

Literaturverzeichnis

OECD (2014), *Aktionsplan zur Bekämpfung der Gewinnverkürzung und Gewinnverlagerung*, OECD Publishing, Paris. *http://dx.doi.org/10.1787/9789264209688-de*.

Kapitel 6

Festquotenregel

Ziel einer Festquotenregel

85. Die einer Festquotenregel zu Grunde liegende Prämisse ist, dass ein Unternehmen in der Lage sein sollte, Zinsaufwendungen bis zu einem bestimmten Anteil des EBITDA in Abzug zu bringen, wodurch sichergestellt wird, dass ein Teil des Gewinns des Unternehmens in einem Staat steuerpflichtig bleibt. Eine Festquotenregel kann für alle Unternehmen gelten, einschließlich Unternehmen eines multinationalen Konzerns, Unternehmen eines nationalen Konzerns und eigenständige Unternehmen. Der zu Grunde liegende Festquotenreferenzwert wird von der Regierung eines Staats festgelegt und gilt unabhängig vom tatsächlichen Verschuldungsgrad eines Unternehmens oder seines Konzerns. An fremde Dritte, nahestehende Dritte[1] und Konzernunternehmen gezahlte Zinsen können bis zu diesem Festquotenwert in Abzug gebracht werden; dies gilt jedoch nicht für Zinsen, die die Quote des Konzernunternehmens über diesen Referenzwert steigen lassen.

86. Der entscheidende Vorteil einer Festquotenregel besteht darin, dass sie relativ einfach von den Unternehmen angewendet und von den Steuerbehörden verwaltet werden kann. Allerdings lässt eine Festquotenregel die Tatsache unberücksichtigt, dass in unterschiedlichen Sektoren tätige Konzerne möglicherweise einen unterschiedlich hohen Fremdkapitalbetrag benötigen und dass Konzerne selbst innerhalb derselben Branche aus nichtsteuerlichen Gründen unterschiedliche Finanzierungsstrategien verfolgen können. Eine unterschiedliche Anwendung einer Festquotenregel auf Konzerne in unterschiedlichen Branchen würde die Verwaltung einer Regel zwangsläufig erschweren, insbesondere wenn ein Sektor nicht ohne weiteres abgegrenzt werden kann oder wenn ein Konzern in mehr als einer Branche tätig ist. Die Option, Zinsen zur Finanzierung bestimmter in Kapitel 4 beschriebener Projekte zum Nutzen der Allgemeinheit auszuklammern, kann helfen, diese Fragen für einige Unternehmen zu lösen. Ein Staat sollte die Festquotenregel jedoch im Allgemeinen konsistent anwenden, indem für Konzerne in allen Branchen der gleiche Festquotenreferenzwert herangezogen wird (mit Ausnahme der in Kapitel 10 behandelten Konzerne im Banken- und Versicherungssektor, für die gezielte Regeln betrachtet werden).

87. In bestimmten Sektoren können Konzerne jedoch ökonomische Renten erzielen, die sie in die Lage versetzen, ein hohes EBITDA zu generieren, was nach dem in diesem Bericht beschriebenen allgemeinen Ansatz zu einem relativ hohen abzugsfähigen Nettozinsaufwand führen könnte. Ein Staat kann deshalb beschließen, eine Festquotenregel auf Konzerne in diesen Sektoren strenger anzuwenden. Konzerne in Sektoren, die ökonomische Renten erzielen, können beispielsweise einem niedrigeren Festquotenreferenzwert unterliegen, oder die Berechnung des Unternehmens-EBITDA könnte angepasst werden, um den Effekt der ökonomischen Rente auszuklammern.

Funktionsweise einer Festquotenregel

88. Festquotenregeln wenden auf den Gewinn eines Unternehmens oder eines Inlandskonzerns einen festgelegten Referenzwert an, um den maximal abzugsfähigen Zinsaufwand zu berechnen[2]. Die Berechnung der nicht abziehbaren Zinsaufwendungen nach einer Festquotenregel erfolgt in einem dreistufigen Verfahren: erstens Berechnung der angemessenen EBITDA-Größe, zweitens Anwendung des gesetzlich vorgeschriebenen Festquotenreferenzwerts auf das EBITDA eines Unternehmens zur Bestimmung des maximal abzugsfähigen Zinsaufwands und drittens Vergleich des so ermittelten Werts mit dem tatsächlichen Zinsaufwand des Unternehmens. Die Berechnung des EBITDA sollte auf Werten basieren, die nach den Steuerregeln des Staates bestimmt werden, der die Regel anwendet. Die Verwendung von Steuerdaten zur Berechnung des EBITDA eines Unternehmens hat mehrere Vorteile. Erstens sollte die Regel relativ leicht anwendbar und überprüfbar sein. Zweitens reduziert die Verwendung von Steuerdaten das Risiko, dass ein Unternehmen mit negativem EBITDA auf Grund einer Zinsabzugsversagung Steuern zahlen muss. Und zuletzt bedeutet die Verknüpfung von Zinsabzügen mit den steuerpflichtigen Einkünften, dass es für einen Konzern schwerer ist, die Obergrenze für den abzugsfähigen Nettozinsaufwand zu erhöhen, ohne auch das Niveau der steuerpflichtigen Einkünfte in einem Staat zu erhöhen.

Schritt 1: Berechnung des Gewinnmaßes

89. Das EBITDA eines Unternehmens sollte berechnet werden, indem seinen steuerpflichtigen Einkünften die steuerlichen Werte folgender Posten hinzugerechnet werden: *a)* Nettozinsaufwendungen und Nettozahlungen, die Zinszahlungen wie Kapitel 2 definiert gleichzusetzen sind, und *b)* Abschreibungen auf Sachanlagen und immaterielle Werte. Steuerbefreite Einkünfte wie steuerbefreite Dividendeneinkünfte oder im Ausland erzielte Gewinne, die steuerbefreit sind, sollten nicht in das EBITDA des Unternehmens aufgenommen werden. Der Grund für die Ausklammerung von steuerbefreiten Dividendeneinkünften besteht darin, Bedenken in Bezug auf den unter Aktionspunkt 4 behandelten Outbound-Fall zu begegnen.

Schritt 2: Anwendung des gesetzlich vorgeschriebenen Festquotenreferenzwerts auf die Gewinne

90. Im Anschluss an die Berechnung des EBITDA des Unternehmens wird der gesetzlich vorgeschriebene Festquotenreferenzwert auf den EBITDA-Wert angewendet. Das Ergebnis bestimmt den Höchstbetrag an Zinsaufwendungen, den das Unternehmen steuerlich abziehen kann.

Schritt 3: Vergleich des Höchstbetrags des abzugsfähigen Zinsaufwands mit dem tatsächlichen Zinsaufwand

91. Im letzten Schritt wird der Höchstbetrag, den das Unternehmen steuerlich abziehen kann, mit dem tatsächlichen Nettozinsaufwand des Unternehmens verglichen.

92. Zinsaufwendungen, die den zulässigen Höchstbetrag übersteigen, können nicht abgezogen werden. Beispiel 4 in Anhang D veranschaulicht, wie eine Festquotenregel in der Praxis funktionieren könnte. Dieses Beispiel veranschaulicht außerdem die möglichen Vor- und Nachteile der Anwendung einer Festquotenregel auf der Ebene des Inlandskonzerns.

Festlegung eines Festquotenreferenzwerts

93. Damit eine Festquotenregel wirksam sein kann, muss ein Staat den Festquotenreferenzwert in einer zur Bekämpfung von Gewinnverkürzung und Gewinnverlagerung angemessenen Höhe ansetzen. Zugleich wird eingeräumt, dass sich die Staaten sowohl in Bezug auf ihr wirtschaftliches Umfeld als auch hinsichtlich des Vorhandenseins anderer gezielter Steuerregeln, die dem Risiko einer Gewinnverkürzung und Gewinnverlagerung durch Zinsen ausdrücklich entgegenwirken, unterscheiden. Es gibt viele Faktoren, die die Wettbewerbsfähigkeit von Staaten bei der Anwerbung von Investitionen beeinflussen könnten, darunter der Steuersatz, die Zusammensetzung der Steuerbasis und Zinsabzugsregeln. Ohne einen vereinbarten Best-Practice-Ansatz besteht deshalb ein Risiko, dass sich Staaten auf Grund von Wettbewerbserwägungen veranlasst sehen, Festquotenreferenzwerte auf einem hohen Niveau anzusetzen, wodurch es möglich wäre, mehr Zinsaufwendungen in Abzug zu bringen, und sich die Wirksamkeit der betreffenden Regel im Hinblick auf die Bekämpfung von Gewinnverkürzung und Gewinnverlagerung verringern würde.

Ein Korridor möglicher Festquotenreferenzwerte

94. Um Risiken der Gewinnverkürzung und Gewinnverlagerung durch die Koordinierung des von den verschiedenen Staaten bei der Festlegung eines Festquotenreferenzwerts verfolgten Ansatzes zu begegnen und um das Risiko zu verringern, dass Staaten sich veranlasst sehen, eine Quote auf einem Niveau anzusetzen, das zu hoch ist, um Risiken der Gewinnverkürzung und Gewinnverlagerung entgegenzuwirken, wird den Staaten empfohlen, ihren Festquotenreferenzwert innerhalb einer Best-Practice-Bandbreite bzw. eines „Best-Practice-Korridors“ festzulegen.

95. Bei der Festlegung eines Best-Practice-Korridors besteht das Hauptziel darin, eine Bandbreite von Festquotenreferenzwerten zu identifizieren, die:

- es den meisten Konzernen ermöglicht, einen Betrag abzuziehen, der ihren Nettozinsaufwendungen gegenüber Dritten entspricht (unter der Annahme, dass die Nettozinsaufwendungen im Einklang mit dem in der Rechnungslegung ausgewiesenen EBITDA auf den Konzern verteilt sind);
- das Ausmaß begrenzen, in dem Konzerne konzerninterne Zinsaufwendungen nutzen können, um einen Zinssaldo steuerlich geltend zu machen, der ihren Nettozinsaufwand gegenüber Dritten übersteigt.

96. Finanzdaten, die der BIAC und PwC[3] an die OECD übermittelt haben, verdeutlichen, welcher Anteil der börsennotierten multinationalen Konzerne mit positivem EBITDA je nach Höhe des Festquotenreferenzwerts grundsätzlich in der Lage wäre, einen Betrag in Abzug zu bringen, der ihrem Nettozinsaufwand gegenüber Dritten entspricht. Dabei wird unterstellt, dass die Nettozinsaufwendungen des Konzerns im Einklang mit dem EBITDA über den Konzern verteilt sind. Konzerne mit einem negativen EBITDA sind in dieser Analyse nicht erfasst, da der Effekt einer Festquotenregel auf ein Unternehmen mit negativem EBITDA unabhängig von der Höhe des Festquotenreferenzwerts gleich ist. Die nachstehend aufgeführten Zahlen basieren auf Durchschnittswerten im Zeitraum 2009-2013[4]:

- Bei einem Festquotenreferenzwert von 10% wären 62% der betrachteten Konzerne im Prinzip in der Lage, ihren gesamten Nettozinsaufwand gegenüber Dritten in Abzug zu bringen.

- Bei einem Festquotenreferenzwert von 20% wären 78% der betrachteten Konzerne im Prinzip in der Lage, ihren gesamten Nettozinsaufwand gegenüber Dritten in Abzug zu bringen.
- Bei einem Festquotenreferenzwert von 30% wären 87% der betrachteten Konzerne im Prinzip in der Lage, ihren gesamten Nettozinsaufwand gegenüber Dritten in Abzug zu bringen.
- Bei einem Festquotenreferenzwert von 40% wären 91% der betrachteten Konzerne im Prinzip in der Lage, ihren gesamten Nettozinsaufwand gegenüber Dritten in Abzug zu bringen.
- Bei einem Festquotenreferenzwert von 50% wären 93% der betrachteten Konzerne im Prinzip in der Lage, ihren gesamten Nettozinsaufwand gegenüber Dritten in Abzug zu bringen.

97. Ab einem Festquotenreferenzwert von über 30% verlangsamt sich die Zunahme des Anteils der Konzerne, die in der Lage sind, ihre gesamten Nettozinsaufwendungen gegenüber Dritten in Abzug zu bringen. Allerdings kann dann ein erheblicher Anteil der Konzerne einen Anreiz haben, das Niveau der konzerninternen Fremdfinanzierung zu erhöhen, um Nettozinsaufwendungen in Abzug zu bringen, die ihren Nettozinsaufwand gegenüber Dritten übersteigen. Ausgehend von den im vorstehenden Absatz erwähnten Finanzdaten beträgt das Verhältnis Nettozinsaufwand gegenüber Dritten/EBITDA bei rund der Hälfte der börsennotierten multinationalen Konzerne mit positivem EBITDA beispielsweise 5% oder weniger. Deshalb besteht bei einem Festquotenreferenzwert von 30% das Risiko, dass diese Konzerne bis zu dem Sechsfachen ihrer tatsächlichen Nettozinsaufwendungen gegenüber Dritten in Abzug bringen könnten, wenn unterstellt wird, dass es keine Hindernisse für die konzerninterne Fremdfinanzierung gibt. Dieses Risiko steigt, wenn ein Festquotenreferenzwert über diesem Niveau angesetzt wird. Ausgehend von dieser Analyse und nach Abwägung zwischen dem Ziel, es den meisten Konzernen zu erlauben, ihren Nettozinsaufwand gegenüber Dritten geltend zu machen, und dem Ziel, das Risiko zu begrenzen, dass Konzerne einen darüber hinausgehenden Betrag in Abzug bringen, wird den Staaten, die eine Festquotenregel auf der Basis einer Nettozinsaufwand/EBITDA-Quote anwenden, empfohlen, ihren Festquotenreferenzwert innerhalb eines Korridors von 10-30% festzulegen. Wie in Kapitel 11 ausgeführt, könnte dieser Korridor im Anschluss an eine erste Überprüfung des Best-Practice-Ansatzes, die spätestens Ende 2020 abgeschlossen sein sollte, geändert werden.

98. Innerhalb des Best-Practice-Korridors dürften im Prinzip die meisten Konzerne mit positivem EBITDA in der Lage sein, ihre gesamten Nettozinsaufwendungen gegenüber Dritten in Abzug zu bringen. Ein Staat könnte auch andere Elemente des Best-Practice-Ansatzes einbeziehen, um es Unternehmen, deren Nettozinsaufwand/EBITDA-Quote über dem Festquotenreferenzwert liegt, zu gestatten, höhere Nettozinsaufwendungen in Abzug zu bringen, wenn sie ein geringes Gewinnverkürzungs- und Gewinnverlagerungsrisiko darstellen. So kann z.B. eine Konzernquotenregel genutzt werden, nach der es einem Konzernunternehmen, das den Festquotenreferenzwert überschreitet, gestattet ist, seinen Zinssaldo bis zum Verhältnis Nettozinsaufwand gegenüber Dritten/EBITDA seines Konzerns in Abzug zu bringen, sofern diese Quote höher ist. Ein Staat kann auch eine Geringfügigkeitsschwelle einführen, um Unternehmen mit geringem Nettozinsaufwand aus dem Anwendungsbereich einer Festquotenregel und Konzernquotenregel auszuklammern.

Faktoren, auf die sich die Staaten bei der Festlegung eines Festquotenreferenzwerts stützen können

99. Den Staaten wird empfohlen, ihren Festquotenreferenzwert innerhalb eines Korridors von 10-30% anzusetzen. Allerdings sollte anerkannt werden, dass sich die Staaten im Hinblick auf ihren rechtlichen Rahmen und ihre wirtschaftlichen Umstände unterscheiden, weshalb ein Staat bei der Festlegung eines zur Bekämpfung von Gewinnverkürzung und Gewinnverlagerung angemessenen Festquotenreferenzwerts innerhalb des Korridors eine Reihe von Faktoren berücksichtigen sollte, darunter die folgenden:

1. Ein Staat kann einen höheren Festquotenreferenzwert anwenden, wenn er eine Festquotenregel separat und nicht in Kombination mit einer Konzernquotenregel umsetzt.
2. Ein Staat kann einen höheren Festquotenreferenzwert anwenden, wenn er den Vortrag von ungenutztem Zinsabzugspotenzial oder den Rücktrag von nicht abziehbaren Zinsaufwendungen nicht gestattet.
3. Ein Staat kann einen höheren Festquotenreferenzwert anwenden, wenn er andere gezielte Regeln anwendet, die den unter Aktionspunkt 4 behandelten Gewinnverkürzungs- und Gewinnverlagerungsrisiken konkret entgegenwirken.
4. Ein Staat kann einen höheren Festquotenreferenzwert anwenden, wenn er im Vergleich zu anderen Staaten ein hohes Zinsniveau aufweist.
5. Ein Staat kann einen höheren Festquotenreferenzwert anwenden, wenn er verschiedene Arten von Unternehmen, die als rechtlich vergleichbar angesehen werden, aus verfassungsrechtlichen oder sonstigen rechtlichen Gründen (z.B. EU-Rechtsvorschriften) gleich behandeln muss, selbst wenn diese Unternehmen unterschiedlich hohe Risiken darstellen.
6. Ein Staat kann je nach der Größe des Konzerns, dem ein Unternehmen angehört, unterschiedliche Festquotenwerte anwenden.

100. Diese Faktoren werden nachstehend eingehender untersucht.

Ein Staat kann einen höheren Festquotenreferenzwert anwenden, wenn er eine Festquotenregel separat und nicht in Kombination mit einer Konzernquotenregel umsetzt

101. Wenn ein Staat eine Festquotenregel neben einer Konzernquotenregel anwendet, kann ein Konzernunternehmen, das den Festquotenwert übersteigt, in der Lage sein, höhere Zinsaufwendungen – bis zur entsprechenden Finanzkennzahl seines Konzerns – in Abzug zu bringen. Der Staat kann somit einen niedrigeren Festquotenreferenzwert anwenden, wenn er eine Konzernquotenregel nutzt, um den Effekt auf Unternehmen in Konzernen mit hohem Fremdkapitalanteil zu mindern. Wenn ein Staat dagegen eine Festquotenregel ohne Konzernquotenregel einführt, kann er einen höheren Festquotenreferenzwert anwenden.

Ein Staat kann einen höheren Festquotenreferenzwert anwenden, wenn er den Vortrag von ungenutztem Zinsabzugspotenzial oder den Rücktrag von nicht abziehbaren Zinsaufwendungen nicht gestattet

102. Das ungenutzte Zinsabzugspotenzial ist der Betrag, um den der Nettozinsaufwand eines Unternehmens den nach der Festquotenregel gestatteten Höchstbetrag unterschreitet. Wenn ein Staat den Vortrag von ungenutztem Zinsabzugspotenzial gestattet, könnte dies, wie in Kapitel 8 erörtert, zu Steuerforderungen führen, die monetisiert werden können,

indem der Nettozinsaufwand des Unternehmens erhöht oder sein EBITDA gesenkt wird. Da diese Verhaltensweisen nicht durch eine Regel zur Bekämpfung von Gewinnverkürzung und Gewinnverlagerung gefördert werden sollten, sollte ein Staat, der den Vortrag von ungenutztem Zinsabzugspotenzial gestattet, einen niedrigeren Festquotenreferenzwert anwenden, um diesen Anreiz zu reduzieren. Analog dazu sollte ein Staat, der den Rücktrag von nicht abziehbaren Zinsaufwendungen gestattet, was zu dem gleichen Risiko führt, ebenfalls einen niedrigeren Festquotenreferenzwert anwenden. Das Gewicht, das diesem Faktor beigemessen werden sollte, hängt davon ab, inwieweit ein Staat die in Kapitel 8 erörterten Beschränkungen einführt. Ein Staat, der weder einen Vortrag von ungenutztem Zinsabzugspotenzial noch einen Rücktrag von nicht abzugsfähigen Zinsaufwendungen gestattet, kann einen höheren Festquotenreferenzwert anwenden.

Ein Staat kann einen höheren Festquotenreferenzwert anwenden, wenn er andere gezielte Regeln anwendet, die den unter Aktionspunkt 4 behandelten Gewinnverkürzungs- und Gewinnverlagerungsrisiken konkret entgegenwirken

103. Aktionspunkt 4 befasst sich mit der Entwicklung optimaler Vorgehensweisen für die Gestaltung von Vorschriften zur Vermeidung von Gewinnverkürzungen und Gewinnverlagerungen, bei denen Zinszahlungen an fremde Dritte und nahestehende Dritte sowie innerhalb des Konzerns – einschließlich Zinsen wirtschaftlich gleichzusetzender Zahlungen – genutzt werden, um überhöhte Zinsabzüge vorzunehmen oder die Erzielung steuerfreier oder aufgeschobener Erträge zu finanzieren. Der empfohlene Best-Practice-Ansatz umfasst die in diesem Kapitel beschriebene Festquotenregel, es wird jedoch eingeräumt, dass andere gezielte Regeln zur Zinsabzugsbeschränkung einige dieser Risiken ebenfalls effektiv bekämpfen können. Ein Staat kann beispielsweise eine gezielte Regel haben, die den Abzug aller zur Finanzierung von steuerbefreiten Einkünften verwendeten Zinsaufwendungen versagt. Wenn ein Staat gezielte Regeln hat, die den unter Aktionspunkt 4 behandelten Gewinnverkürzungs- und Gewinnverlagerungsrisiken konkret entgegenwirken, und diese Regeln in der Praxis anwendet, können diese den auf der Festquotenregel lastenden Druck verringern, was bedeutet, dass ein höherer Festquotenreferenzwert angewendet werden könnte. Inwieweit dieser Faktor für einen höheren Festquotenreferenzwert spricht, hängt davon ab, inwieweit den von Aktionspunkt 4 erfassten spezifischen Risiken der Gewinnverkürzung und Gewinnverlagerung im Zusammenhang mit Zinsen entgegengewirkt wird. Wenn ein Staat keine anderen Regeln hat, die den in Aktionspunkt 4 erfassten Risiken der Gewinnverkürzung und Gewinnverlagerung konkret entgegenwirken, sollte er einen niedrigeren Festquotenreferenzwert anwenden.

Ein Staat kann einen höheren Festquotenreferenzwert anwenden, wenn er im Vergleich zu anderen Staaten ein hohes Zinsniveau aufweist

104. Das Verhältnis Nettozinsaufwand/EBITDA kann bei Unternehmen, die im Inland Fremdkapital bei Dritten aufnehmen, durch eine Reihe von Faktoren beeinflusst werden, darunter das Zinsniveau eines Staates. Wenn das Zinsniveau eines Staates im Vergleich zu den Zinssätzen in anderen Staaten hoch ist, kann der betreffende Staat dem durch die Anwendung eines höheren Festquotenreferenzwerts Rechnung tragen. Dies zielt nicht darauf ab, Unternehmen zu begünstigen, die in einem Hochzinsland tätig sind, sondern trägt einfach der Tatsache Rechnung, dass solche Unternehmen wahrscheinlich höhere Finanzierungskosten haben. Inwieweit dieser Faktor für einen höheren Festquotenreferenzwert spricht, hängt davon ab, um wieviel höher die Zinssätze im betreffenden Staat im Vergleich zu anderen Ländern sind. Ein Staat mit hohen Steuersätzen kann jedoch immer noch einen niedrigen Festquotenreferenzwert anwenden. Wenn ein Staat beispielsweise auf alle Unternehmen

– auch auf solche in großen Konzernen, die Zinsunterschieden zwischen verschiedenen Ländern wahrscheinlich weniger stark ausgesetzt sind – den gleichen Festquotenreferenzwert anwendet, kann er beschließen, dass es nicht angemessen ist, sein hohes Zinsniveau bei der Festlegung der Quote zu berücksichtigen. Wenn ein Staat im Vergleich zu anderen Staaten ein niedriges Zinsniveau aufweist, sollte er einen niedrigeren Festquotenreferenzwert anwenden. Beim Vergleich seines Zinsniveaus mit dem anderer Staaten kann ein Staat einen oder mehrere relevante Zinssätze berücksichtigen, beispielsweise den Zentralbanksatz, den Zinssatz für langfristige Staatsanleihen und den durchschnittlichen Zinssatz für Unternehmensanleihen von Unternehmen mit gutem Kreditrating (z.B. einem Kreditrating von „A" oder darüber). Ob ein bestimmter Zinssatz hoch oder niedrig ist, muss im Vergleich zu anderen Staaten beurteilt werden und ändert sich im Zeitverlauf infolge von Zinsbewegungen. Derzeit könnte ein Zinssatz für langfristige Staatsanleihen von über 5% als hoch eingestuft werden.

Ein Staat kann einen höheren Festquotenreferenzwert anwenden, wenn er verschiedene Arten von Unternehmen, die als rechtlich vergleichbar angesehen werden, aus verfassungsrechtlichen oder sonstigen rechtlichen Gründen (z.B. EU-Rechtsvorschriften) gleich behandeln muss, selbst wenn diese Unternehmen unterschiedlich hohe Risiken darstellen

105. Wie in Kapitel 3 dargelegt, entsteht das wichtigste Gewinnverkürzungs- und Gewinnverlagerungsrisiko im Zusammenhang mit Zinsen durch Unternehmen, die multinationalen Konzernen angehören. Ein Staat kann daher im Rahmen des Best-Practice-Ansatzes die Anwendung der Festquotenregel auf diese Unternehmen beschränken. In manchen Fällen ist ein Staat jedoch auf Grund von verfassungsrechtlichen oder gesetzlichen Anforderungen verpflichtet, die Festquotenregel auch auf andere Unternehmen anzuwenden, die als rechtlich vergleichbar angesehen werden, einschließlich Unternehmen, die Teil eines nationalen Konzerns sind, und/oder eigenständigen Unternehmen, die möglicherweise ein geringeres Gewinnverkürzungs- und Gewinnverlagerungsrisiko im Zusammenhang mit Zinsen darstellen. Da der betreffende Staat in diesem Fall verpflichtet ist, Unternehmen, die rechtlich vergleichbar sind, darunter auch solche, die ein geringeres Gewinnverkürzungs- und Gewinnverlagerungsrisiko darstellen, gleich zu behandeln, kann der Staat innerhalb des Korridors einen höheren Festquotenreferenzwert anwenden. In solchen Situationen kann ein Staat alternativ dazu auch beschließen, eine niedrigere Quote anzuwenden, um sicherzustellen, dass Gewinnverkürzungen und Gewinnverlagerungen im Zusammenhang mit Zinsen verhindert werden, selbst wenn dies auch auf Unternehmen angewendet würde, die ein geringeres Risiko darstellen.

Ein Staat kann je nach der Größe des Konzerns, dem ein Unternehmen angehört, unterschiedliche Festquotenwerte anwenden

106. Im Allgemeinen sind Unternehmen großer Konzerne in einer anderen Position als sonstige Unternehmen, wenn sie Fremdkapital bei Dritten aufnehmen. Große Konzerne nehmen externes Fremdkapital beispielsweise mit größerer Wahrscheinlichkeit zentral auf, sie können einen besseren Zugang zu den globalen Finanzmärkten haben, und sie befinden sich möglicherweise in einer besseren Verhandlungsposition gegenüber den Kreditgebern. Große Konzerne haben außerdem oft komplexe Treasury-Funktionen für das Management der Finanzposition des Konzerns, einschließlich seiner Zinskosten. Dies hat zwei wichtige Auswirkungen auf die Anwendung einer Festquotenregel auf Unternehmen großer Konzerne im Vergleich zu anderen Unternehmen.

- Erstens lässt die Analyse der der OECD während der öffentlichen Konsultation zu Aktionspunkt 4 vorgelegten Finanzdaten darauf schließen, dass große Konzerne tendenziell ein niedrigeres Verhältnis Nettozinsaufwand gegenüber Dritten/EBITDA haben als andere Konzerne. Ein Festquotenreferenzwert von 30% würde es beispielsweise rd. 95% der börsennotierten multinationalen Konzerne mit einer Börsenkapitalisierung von mindestens 5 Mrd. US-$ und einem positiven EBITDA erlauben, ihre gesamten Nettozinsaufwendungen gegenüber Dritten in Abzug zu bringen, im Vergleich zu rd. 85% der Konzerne beliebiger Größe. Um gleiche Wettbewerbsbedingungen zu schaffen, kann ein Staat daher einen Festquotenreferenzwert auf Unternehmen großer Konzerne und einen höheren Referenzwert auf andere Unternehmen anwenden.

- Zweitens erfolgt die externe Fremdkapitalaufnahme bei großen Konzernen mit größerer Wahrscheinlichkeit auf zentraler Ebene, weshalb solche Konzerne mit geringerer Wahrscheinlichkeit Zinsunterschieden zwischen den Staaten, in denen sie tätig sind, ausgesetzt sind. Bei der Festlegung eines Festquotenreferenzwerts zur Anwendung auf Unternehmen großer Konzerne sollte ein Staat folglich nicht berücksichtigen, ob sein Zinsniveau höher oder niedriger ist als das anderer Staaten (d.h. der oben aufgeführte Faktor 4 sollte nicht berücksichtigt werden).

107. Wenn ein Staat bei Unternehmen großer Konzerne einen anderen Festquotenreferenzwert anwendet als bei anderen Unternehmen, sollte die Definition eines großen Konzerns auf der Position des weltweiten Konzerns, dem das Unternehmen angehört, und nicht nur auf der Position des Inlandskonzerns, dem die Unternehmen im betreffenden Staat angehören, basieren. In den oben erwähnten Daten wird ein großer Konzern zwar auf der Basis der Börsenkapitalisierung definiert, es wird jedoch nicht empfohlen, diese Definition zur Festlegung eines Festquotenreferenzwerts zu verwenden. Auf nicht börsennotierte Konzerne könnte eine Definition auf Basis der Börsenkapitalisierung nicht angewendet werden. Bei börsennotierten Konzernen hängt die Börsenkapitalisierung von vielen anderen Faktoren als dem Niveau der wirtschaftlichen Tätigkeit des Konzerns ab. Es wird deshalb vorgeschlagen, dass die von einem Staat angewandte Definition eines großen Konzerns auf den konsolidierten Einkünften oder den Vermögensgegenständen des Konzerns basieren sollte. Informationen über die konsolidierten Einkünfte oder die Vermögensgegenstände eines Konzerns können dem Konzernabschluss entnommen werden oder direkt bei den Konzernunternehmen beschafft werden, wenn kein Konzernabschluss vorgelegt wird. Informationen, die für die Zwecke der länderbezogenen Berichterstattung (*Leitlinien zur Verrechnungspreisdokumentation und länderbezogenen Berichterstattung*, OECD, 2016) bereitgestellt werden, können zur Risikoabschätzung verwendet werden, um Konzerne zu identifizieren, die den betreffenden Schwellenwert möglicherweise überschreiten, wenngleich diese Informationen für sich genommen nicht genutzt werden sollten, um einen niedrigeren Festquotenreferenzwert anzuwenden. Wenn ein Staat unterschiedliche Festquotenreferenzwerte auf Unternehmen großer Konzerne und auf andere Unternehmen anwendet, sollte er Bestimmungen für Konzerne einführen, deren Größe sich – beispielsweise infolge einer Fusion oder einer Veräußerung – verändert und die daraufhin den Schwellenwert über- bzw. unterschreiten. Solche Übergangsbestimmungen sollten maximal drei Jahre in Anspruch genommen werden können, um den Konzernen die Möglichkeit zu geben, ihre Kapitalstrukturen anzupassen.

Andere Faktoren, die berücksichtigt werden könnten

108. Bei der Festlegung eines Festquotenreferenzwerts innerhalb des Korridors von 10-30% können die Staaten zusätzlich zu den oben aufgeführten Faktoren auch andere relevante Faktoren berücksichtigen. Zum Beispiel:

- Ein Staat kann innerhalb des Korridors einen höheren Wert anwenden, wenn Daten zeigen, dass ein hohes Niveau an Nettozinsaufwendungen oder Fremdkapital auf die

Wirtschafts- oder Geschäftspolitik und nicht auf Gewinnverkürzung und Gewinnverlagerung zurückzuführen ist.

- Ein Staat kann einen höheren Wert innerhalb des Korridors anwenden, wenn er eine makroökonomische Politik verfolgt, die darauf abzielt, eine nicht mit Gewinnverkürzung und Gewinnverlagerung verbundene konzernexterne Fremdkapitalaufnahme zu fördern, um die Investitionstätigkeit zu steigern (z.B. in die Infrastruktur).
- Ein Staat kann einen höheren oder einen niedrigeren Wert innerhalb des Korridors anwenden, wenn dies durch inländische Daten über den Grad der Außenverschuldung seiner nationalen Konzerne oder den weltweiten Verschuldungsgrad der im betreffenden Staat tätigen multinationalen Konzerne gerechtfertigt ist. Diese inländischen Daten können beispielsweise auf Steuerangaben anstatt auf der Rechnungslegung basieren.
- Ein Staat kann einen niedrigeren Wert innerhalb des Korridors anwenden, wenn er einen strengeren Ansatz zur Bekämpfung von Gewinnverkürzung und Gewinnverlagerung durch Zinsen verfolgen möchte.

109. Ein Staat sollte jedoch keine Faktoren berücksichtigen, die nicht mit diesem Bericht in Einklang stehen, die Wettbewerbsfragen aufwerfen oder die das Ausmaß des Gewinnverkürzungs- und Gewinnverlagerungsrisikos durch Zinsen im betreffenden Staat unberücksichtigt lassen. Zum Beispiel:

- Ein Staat sollte keinen höheren Wert anwenden, wenn er im Vergleich zu anderen Staaten ein hohes Niveau an Nettozinsaufwendungen oder Fremdkapital verzeichnet, für das es keine nicht steuerliche Begründung gibt.
- Ein Staat sollte keinen höheren Wert auf Grund einer Politik anwenden, die darauf abzielt, durch weniger strenge Regeln zur Zinsabzugsbeschränkung internationale Investitionen anzuziehen.

Anwendung verschiedener Faktoren zur Festlegung eines Festquotenreferenzwerts innerhalb des Best-Practice-Korridors

110. Es wird empfohlen, dass ein Staat die in diesem Kapitel aufgeführten Faktoren zusammen mit anderen relevanten Faktoren verwendet, um seinen Festquotenreferenzwert innerhalb des empfohlenen Korridors festzulegen. Ein Staat kann hinsichtlich der Frage, wie die Faktoren bei der Festlegung eines Festquotenreferenzwerts anzuwenden sind, seinen eigenen Ansatz entwickeln, was eine unterschiedliche Gewichtung der einzelnen Faktoren entsprechend ihrer Bedeutung beinhalten kann. In jedem Fall ist es einem Staat möglich, sich innerhalb des Korridors für die Anwendung eines niedrigeren Festquotenreferenzwerts zu entscheiden.

111. Beispiel 5 in Anhang D veranschaulicht, wie ein Staat die Faktoren zur Festlegung seines Festquotenreferenzwerts innerhalb des empfohlenen Korridors anwenden könnte. Damit sollen verschiedene mögliche Vorgehensweisen bei der Anwendung der in diesem Kapitel genannten Faktoren veranschaulicht werden, wobei es sich jedoch nicht um eine erschöpfende Auflistung handelt und auch ein anderer Ansatz gewählt werden könnte.

Veränderungen im Zeitverlauf

112. Zinssätze ändern sich im Zeitverlauf, und da sich die Zinssätze derzeit im Vergleich zu den langfristigen Durchschnittswerten auf einem niedrigen Niveau bewegen, muss ein Festquotenreferenzwert möglicherweise einem sich ändernden Zinsumfeld gerecht werden. Zugleich müssen die Staaten jedoch bedenken, dass die Fähigkeit eines Unter-

nehmens, seine Zinszahlungen zu leisten, nicht vom Zinsumfeld abhängig ist und dass ein Zinsanstieg normalerweise zu einer reduzierten Fremdkapitalaufnahme führen sollte. In diesem Zusammenhang wurde in wissenschaftlichen Studien festgestellt, dass steuerpflichtige Unternehmen mehr Fremdkapital aufnehmen, wenn die Zinssätze sich im historischen Vergleich auf einem niedrigen Niveau bewegen (Barry et al., 2008).

113. Es wird deshalb nicht von den Staaten erwartet, dass sie den Festquotenreferenzwert im Zeitverlauf anpassen, sie können jedoch beschließen, ihn zu ändern, wenn es zu einer deutlichen Veränderung der Zinssätze kommt. Wissenschaftliche Studien lassen beispielsweise darauf schließen, dass das Kreditrating eines Staates, das die von einem Staat zu zahlenden Zinssätze beeinflusst, erhebliche Auswirkungen auf das Rating von Unternehmensanleihen hat (Borensztein, Cowan und Valenzuela, 2007). Dies legt den Schluss nahe, dass im Fall einer erheblichen Veränderung des Kreditratings eines Staates auch der Festquotenreferenzwert angepasst werden könnte. Um stabile Festquotenreferenzwerte für die Steuerpflichtigen zu gewährleisten, sollten die Staaten solche Änderungen jedoch nur im Ausnahmefall in Erwägung ziehen.

114. Wenn ein Staat beschließt, Anpassungen des Festquotenreferenzwerts vorzunehmen, sollte der Staat außerdem sicherstellen, dass sich der Wert sowohl nach unten als auch nach oben bewegen kann. Nehmen wir beispielsweise an, dass ein Staat eine Festquotenregel für das Verhältnis zwischen Zinsaufwand und EBITDA mit einem Festquotenreferenzwert von 15% anwendet. Auf Grund einer Wirtschaftskrise steigen die inländischen Zinssätze drastisch an, was die Zinssätze für die lokalen Unternehmen erhöht. Um diesem Anstieg Rechnung zu tragen, erhöht der Staat den Festquotenreferenzwert von 15% auf 20%. Zugleich legt der Staat fest, dass der Festquotenreferenzwert automatisch wieder auf 15% sinkt, wenn die Zinssätze auf das Vorkrisenniveau zurückkehren.

Anmerkungen

1. Der Ausdruck „nahestehende Dritte“ wird in Kapitel 9 definiert.
2. Kapitel 11 enthält eine Zusammenfassung unterschiedlicher Ansätze, die Staaten bei der Anwendung einer Festquotenregel auf einen Inlandskonzern je nach Aufbau ihres Steuersystems verfolgen können.
3. Am 18. Dezember 2014 veröffentlichte die OECD einen öffentlichen Diskussionsentwurf zu Aktionspunkt 4 (vgl. Public Discussion Draft – BEPS Action 4: Interest deductions and other financial payments (*www.oecd.org/ctp/aggressive/discussion-draft-action-4-interest-deductions.pdf*). Im Rahmen seiner Antwort legte der BIAC Finanzdaten auf der Basis einer von PricewaterhouseCoopers (PwC) durchgeführten Analyse der Nettozinsaufwand/EBITDA-Quoten börsennotierter Unternehmen vor (vgl. „Comments received on Public Discussion Draft – BEPS Action 4: Interest deductions and other financial payments – Part 1", Seite 179, *www.oecd.org/ctp/aggressive/public-comments-action-4-interest-deductions-other-financial-payments-part1.pdf*). Im Anschluss an die öffentliche Konsultation legte PwC aktualisierte Zahlen vor, die in Anhang B aufgeführt sind.
4. Vgl. Tabelle B.3 in Anhang B.

Literaturverzeichnis

Barry, C.B. et al. (2008), "Corporate debt issuance and the historical level of interest rates", *Financial Management*, Vol. 37, Financial Management Association International, S. 413-430.

Borensztein, E., K. Cowan und P. Valenzuela (2007), "Sovereign Ceilings "Lite"? The Impact of Sovereign Ratings on Corporate Ratings in Emerging Market Economies", *IMF Working Paper*, No. 07/75, Internationaler Währungsfonds, Washington, DC.

OECD (2016), *Leitlinien zur Verrechnungspreisdokumentation und länderbezogenen Berichterstattung, Aktionspunkt 13: Abschlussbericht 2015*, OECD/G20 Projekt Gewinnverkürzung und Gewinnverlagerung, OECD Publishing, Paris, erscheint demnächst.

Kapitel 7

Konzernquotenregel

Ziel einer Konzernquotenregel

115. Nach der empfohlenen Festquotenregel können ein Konzernunternehmen oder ein Inlandskonzern Nettozinsaufwendungen bis zu einem bestimmten Prozentsatz ihres EBITDA in Abzug bringen[1]. Allerdings trägt eine Festquotenregel nicht dem Umstand Rechnung, dass in verschiedenen Branchen tätige Konzerne unterschiedlich hoch verschuldet sein können und dass manche Konzerne – branchenunabhängig – einfach einen höheren Fremdkapitalanteil aufweisen als andere. Wird eine Festquotenregel separat eingeführt, sind Konzerne, deren Nettozinsaufwand gegenüber Dritten im Verhältnis zum EBITDA über dem Festquotenreferenzwert liegt, somit nicht in der Lage, ihre gesamten Nettozinsaufwendungen gegenüber konzernexternen Dritten in Abzug zu bringen. Um den Effekt auf stärker verschuldete Konzerne zu reduzieren, wird den Staaten daher empfohlen, es in Erwägung zu ziehen, eine Festquotenregel, wie sie in Kapitel 6 beschrieben ist, mit einer Konzernquotenregel zu kombinieren. Damit wäre es einem Konzernunternehmen, das einem Konzern mit hohem Fremdkapitalanteil angehört, auf der Grundlage einer einschlägigen Finanzkennzahl des weltweiten Konzerns möglich, Nettozinsaufwendungen in Abzug zu bringen, die den nach der Festquotenregel zulässigen Betrag übersteigen. Das bedeutet, dass der Festquotenreferenzwert auf niedrigem Niveau gehalten werden kann – insbesondere für Unternehmen, die großen multinationalen Konzernen angehören –, womit gewährleistet ist, dass die Festquotenregel Gewinnverkürzung und Gewinnverlagerung wirksam verhindert, während die Konzernquotenregel einen Ausgleich für die nicht hinreichend präzise Funktionsweise der Festquotenregel schafft.

116. Eine Konzernquotenregel könnte als separate, ergänzende Bestimmung oder als integraler Bestandteil einer Gesamtregel eingeführt werden, die auch eine Festquotenregel umfasst. Wenn ein Staat beispielsweise einen Ansatz verfolgt, der auf der Nettozinsaufwand/EBITDA-Quote eines Unternehmens basiert, könnte eine einzige Regel vorsehen, dass ein Konzernunternehmen seine Zinsaufwendungen bis zum Festquotenreferenzwert oder bis zur Konzernquote in Abzug bringen kann, je nachdem welcher dieser beiden Werte höher ist. Die Entscheidung, eine Festquotenregel und eine Konzernquotenregel getrennt oder zusammen als Teile einer einzigen Regel umzusetzen, kann davon abhängen, welche Funktionsweise der betreffende Staat für die verschiedenen Elemente anstrebt. Beispielsweise kann eine einzige Regel, die sich aus zwei Teilen zusammensetzt, leichter anzuwenden sein, wenn ein Staat festlegt, dass sowohl für das Festquoten- als auch für das Konzernquotenelement die gleiche Methode zur Berechnung des EBITDA eines Unternehmens auf Basis von Steuerangaben und die gleichen Vor-/Rücktragsbestimmungen angewandt werden sollten.

117. In diesem Kapitel ist eine Best-Practice-Regel beschrieben, nach der es einem Konzernunternehmen, das den Festquotenreferenzwert überschreitet, gestattet ist, seinen Zinssaldo bis zum Verhältnis Nettozinsaufwand gegenüber Dritten/EBITDA seines Konzerns in Abzug zu bringen, sofern dieser Wert höher ist. Wenn der Nettozinsaufwand eines Konzernunternehmens im Verhältnis zu seinem EBITDA höher ist als die entsprechende Quote seines Konzerns, kann das Konzernunternehmen Zinsaufwendungen bis zur Höhe der Konzernquote in Abzug bringen. Nur für Nettozinsaufwendungen, die sowohl den Festquotenreferenzwert als auch die Konzernquote übersteigen, sollte der Abzug versagt werden. Während eine auf dem Verhältnis Nettozinsaufwand gegenüber Dritten/EBITDA basierende Regel wirksam sein dürfte, um Gewinnverkürzung und Gewinnverlagerung zu begegnen, wird anerkannt, dass für manche Konzerne gesetzliche Auflagen oder praktische Sachzwänge bestehen, die ihre Möglichkeiten zur Angleichung von Nettozinsaufwand und EBITDA in den verschiedenen Konzernunternehmen begrenzen. Für diese Konzerne könnten manche Elemente des Best-Practice-Ansatzes, wie die Anwendung eines Aufschlags auf den Nettozinsaufwand gegenüber Dritten (wie im nachstehenden Abschnitt zur *Berechnung des Nettozinsaufwands gegenüber Dritten* erörtert) sowie Bestimmungen für den Zinsvortrag/-rücktrag (Kapitel 8), den Effekt solcher Sachzwänge verringern. Beispiel 6 in Anhang D veranschaulicht auf einfache Weise, wie eine derartige Konzernquotenregel es einem Konzernunternehmen, das den Festquotenreferenzwert überschreitet, ermöglichen würde, höhere Zinsaufwendungen – bis zum Verhältnis Nettozinsaufwand gegenüber Dritten/EBITDA seines Konzerns – in Abzug zu bringen. Es ist einzuräumen, dass bislang noch kein Staat eine auf diesem Ansatz beruhende Konzernquotenregel anwendet. Daher ist in diesem Bericht zwar ein Rahmen für eine Konzernquotenregel beschrieben, die sich auf eine Verhältniszahl Nettozinsaufwand gegenüber Dritten/EBITDA stützt, allerdings werden die eingehenderen technischen Arbeiten bezüglich Ausgestaltung und Funktionsweise einer solchen Regel erst 2016 durchgeführt und abgeschlossen werden.

Option der Anwendung anderer Konzernquotenregeln oder des Verzichts auf eine Konzernquotenregel

118. Eine Reihe von Ländern wendet derzeit eine Festquotenregel in Kombination mit einer Konzernquotenregel an, die auf einer Vermögenskennzahl wie Eigenkapital/Bilanzsumme basiert. Nach dem Eigenkapital-Escape, der in Finnland und Deutschland gilt (Anhang C), findet die Festquotenregel, die auf dem Verhältnis Nettozinsaufwand/EBITDA beruht, nicht Anwendung, falls ein Konzernunternehmen nachweisen kann, dass seine Eigenkapitalquote (Eigenkapital/Bilanzsumme) der seines Konzerns entspricht (mit einer kleinen Toleranzspanne) bzw. diese übersteigt. Dieser Ansatz führt für viele Konzerne zu einer strikteren Besteuerung, da ein Konzernunternehmen, das höher verschuldet ist als sein Konzern, weiterhin der Festquotenregel unterliegt, während nach der auf dem Verhältnis Nettozinsaufwand gegenüber Dritten/EBITDA basierenden Regel, die in diesem Kapitel beschrieben ist, nur diejenigen Nettozinsaufwendungen nicht in Abzug gebracht werden können, die sowohl über den Festquotenreferenzwert als auch über die Konzernquote hinausgehen. Für ein unrentables Konzernunternehmen könnte die Escape-Klausel allerdings großzügiger sein, da es einem solchen Unternehmen immer noch möglich sein könnte, seine Nettozinsaufwendungen in Abzug zu bringen, sofern es nachweisen kann, dass die Anforderungen der Regel erfüllt sind. Wenn ein Staat eine Konzernquotenregel anwendet, die von der auf dem Verhältnis Nettozinsaufwand gegenüber Dritten/EBITDA beruhenden Regel dieses Berichts abweicht, wird die Regel dieses Staats als Best Practice eingestuft, sofern sie die Überschreitung des Festquotenreferenzwerts durch ein Konzernunternehmen

nur zulässt, wenn dies auf einer einschlägigen Finanzkennzahl seines Konzerns (z.B. der Eigenkapitalquote) basiert.

119. Es wird Fälle geben, in denen Staaten beschließen, eine Festquotenregel separat, ohne Konzernquotenregel, anzuwenden. Dazu könnte es kommen, wenn ein Staat die steuerliche Begünstigung der Fremdkapitalfinanzierung gegenüber der Eigenkapitalfinanzierung oder umgekehrt für alle Unternehmen verringern will oder wenn ein Staat aus verfassungsrechtlichen oder sonstigen Gründen für alle Unternehmen, unabhängig vom Verschuldungsgrad des Gesamtkonzerns, denselben Festquotenreferenzwert anwenden will. Wendet ein Staat keine Konzernquotenregel an, so sollte er die Festquotenregel ohne unangemessene Diskriminierung einheitlich auf Unternehmen multinationaler und inländischer Konzerne anwenden.

120. Unabhängig davon, ob ein Staat die in diesem Kapitel beschriebene Konzernquotenregel oder eine andere Konzernquotenregel anwendet oder auf die Anwendung einer Konzernquotenregel verzichtet, muss ein Best-Practice-Ansatz in jedem Fall eine Festquotenregel mit einem Referenzwert umfassen, der innerhalb des in Kapitel 6 erläuterten Korridors liegt und auf den dort beschriebenen Faktoren basiert.

Beschaffung von Finanzinformationen über einen Konzern

121. Die Konzernquotenregel verlangt von einem Konzernunternehmen, dass es in der Lage ist, das Verhältnis Nettozinsaufwand gegenüber Dritten/EBITDA seines weltweiten Konzerns zu bestimmen. Das bedeutet, dass ein Konzernunternehmen Informationen über seinen Konzern beschaffen muss, die von der Steuerverwaltung seines Landes geprüft werden können, womit sich für diese Steuerverwaltung die Notwendigkeit verringert, Informationen bei Steuerverwaltungen in anderen Staaten einzuholen. Daher ist es wichtig, dieser Notwendigkeit bei der Ausgestaltung eines Best-Practice-Ansatzes Rechnung zu tragen, damit eine entsprechende Regel von Konzernen und Steuerverwaltungen leicht angewandt werden kann. Wenn es einem Konzernunternehmen nicht möglich ist, die zur Anwendung der Konzernquotenregel notwendigen Informationen über seinen Konzern zu beschaffen, kann es immer noch die Festquotenregel anwenden und Zinsaufwendungen bis zum Festquotenreferenzwert in Abzug bringen.

122. Der Konzernabschluss ist die verlässlichste Quelle für Finanzinformationen über einen weltweit tätigen Konzern. Daher sollten die zur Anwendung einer Konzernquotenregel notwendigen konzernbezogenen Informationen soweit möglich dem Konzernabschluss entnommen werden. Eine nationale Steuerverwaltung wird im Allgemeinen nicht in der Lage sein, die Richtigkeit von konzernbezogenen Finanzdaten zu überprüfen, weshalb empfohlen wird, dass die Konzernabschlüsse von einem unabhängigen, einer Aufsicht unterstehenden Wirtschaftsprüfer geprüft werden. Ein Staat kann allerdings gestatten, dass ungeprüfte Konzernabschlüsse verwendet werden, sofern diese von unabhängiger Seite verlässlich bestätigt wurden oder von der Steuerverwaltung überprüft werden.

123. Als Mindestanforderung wird empfohlen, dass die Staaten Konzernabschlüsse akzeptieren sollten, die nach den Rechnungslegungsstandards des jeweiligen Landes sowie den üblichsten von großen börsennotierten multinationalen Konzernen verwendeten Rechnungslegungsgrundsätzen (z.B. IFRS, Japanese GAAP und US GAAP) erstellt wurden. Um es nicht börsennotierten Konzernen zu gestatten, einen einheitlichen Konzernabschluss zu erstellen, der in allen Ländern, in denen sie tätig sind, verwendet werden kann, sollten die Staaten in Erwägung ziehen, auch nach anderen Rechnungslegungsstandards erstellte Konzernabschlüsse zu akzeptieren, wobei es allerdings jedem Staat überlassen ist, festzulegen,

welche Rechnungslegungsgrundsätze er zulässt (z.B. unter Berücksichtigung der geografischen Region und der wichtigsten Quellen ausländischer Investitionen).

124. Für die meisten börsennotierten und viele nicht börsennotierte Konzerne sind die Konzernabschlüsse öffentlich zugänglich, unter anderem auf der Website des Konzerns. In anderen Fällen müssen die Konzernabschlüsse der Steuerverwaltung von den Konzernunternehmen direkt zur Verfügung gestellt werden. In manchen Fällen könnten die Steuerverwaltungen daran interessiert sein, die Bestimmungen über den Informationsaustausch geltender internationaler Übereinkommen zu nutzen, um sich von der Steuerverwaltung im Staat der Muttergesellschaft des Konzerns bestätigen zu lassen, dass ihnen derselbe Konzernabschluss vorgelegt wurde, der auch von der Muttergesellschaft vorgelegt wurde, um so sicherzustellen, dass der Konzern in den verschiedenen Ländern dieselben konsolidierten Zahlen verwendet.

Konzerndefinition

125. In Anbetracht der Tatsache, dass der Konzernabschluss die vollständigste und objektivste Quelle für Finanzinformationen über multinationale Konzerne ist, sollte sich eine zweckmäßige und gut umsetzbare Konzerndefinition am Konsolidierungskreis des Konzerns für Rechnungslegungszwecke orientieren. Daher umfasst ein Konzern im Sinne einer Konzernquotenregel die Muttergesellschaft sowie alle Unternehmen, die auf vollkonsolidierter Basis in den Konzernabschluss der Muttergesellschaft einbezogen sind.

126. Im Allgemeinen sollte die Muttergesellschaft die oberste Gesellschaft einer Holding-Struktur sein. Wenn ein Konzern Konzernabschlüsse auf verschiedenen Ebenen erstellt (z.B. für die Zwecke der Berichtsauflagen oder der aufsichtsrechtlichen Bestimmungen der jeweiligen Länder), wird der Konzern auf der Grundlage des von der obersten Gesellschaft erstellten Konzernabschlusses abgegrenzt (d.h. der höchsten Konsolidierungsebene). Ein Konzern kann nicht der Leitung einer natürlichen Person oder eines Rechtsträgers, der kein Unternehmen ist, unterstehen. Nicht zum Konzern gehören Unternehmen, die zwar in den Konzernabschluss aufgenommen werden, aber nicht vollkonsolidiert sind. Anders ausgedrückt umfasst der Konzern keine Unternehmen, die nach der Equity-Methode, der Quotenkonsolidierung oder zum Zeitwert einbezogen wurden. In bestimmten Situationen kann ein Unternehmen von einem anderen Unternehmen beherrscht, aber nicht in den Konzernabschluss dieses Unternehmens einbezogen werden. Dazu kann es beispielsweise kommen, wenn das andere Unternehmen ein Investmentunternehmen ist, das Anlagen zur Erzielung von Kapitalwertsteigerungen und/oder Kapitalerträgen tätigt und diese Anlagen zum Zeitwert ausweisen kann. In solchen Fällen kann das beherrschte Unternehmen, obwohl es nicht die Obergesellschaft der Holding-Struktur ist, doch Muttergesellschaft eines eigenen Konzerns sein (zu dem es selbst sowie alle Unternehmen gehören, die es in seinen Konzernabschluss einbezieht). Beispiel 7 in Anhang D veranschaulicht, wie diese Definition auf Konzerne in verschiedenen Szenarien angewandt werden könnte.

127. Wie in Kapitel 9 dargelegt, sollte eine Konzernquotenregel durch eine gezielte Regel flankiert werden, um dem Risiko zu begegnen, dass die Konzernquote durch Zinszahlungen an nicht zum Konzern gehörende nahestehende Dritte aufgebläht wird[2]. Eine gezielte Regel dürfte eine wirksame Lösung für dieses Risiko sein und hat zudem den Vorteil, dass nur von Konzernen, die Zinszahlungen an nahestehende Dritte tätigen, verlangt wird, dass sie Anpassungen gemäß einer solchen Regel vornehmen. Allerdings könnte ein Staat es vorziehen, diesem Risiko zu begegnen, indem er bestimmte nahestehende Dritte, z.B. solche, die dem beherrschenden Einfluss ein und derselben natürlichen Person oder Personengesellschaft unterstehen, in die Konzerndefinition aufnimmt. Dieser Ansatz wird

derzeit von einigen Ländern verfolgt, die eine auf dem Verhältnis Eigenkapital/Bilanzsumme basierende Konzernquotenregel anwenden. Ein Staat könnte dem obigen Risiko auch begegnen, indem er alle an nahestehende Dritte gezahlten Zinsen aus der Berechnung des Nettozinsaufwands des Konzerns gegenüber Dritten herausnimmt (wie im nachstehenden Abschnitt *Berechnung des Nettozinsaufwands gegenüber Dritten* beschrieben).

128. Wenn ein Staat den Best-Practice-Ansatz auf die Position des Inlandskonzerns anstatt auf jedes Konzernunternehmen einzeln anwendet, muss auf Fragen geachtet werden, die sich aus Unterschieden zwischen der Konzerndefinition für Rechnungslegungszwecke (für die im Allgemeinen eine Beteiligung in Höhe von mindestens 50% der Stimmrechte vorliegen muss) und der für Steuerzwecke (bei der normalerweise eine höhere Beteiligung vorausgesetzt wird) ergeben. Der Inlandskonzern kann somit im Sinne der Konzernquotenregel Unternehmen umfassen, die für die Zwecke anderer Steuervorschriften nicht in der Konzerndefinition enthalten sind. Wenn dies der Fall ist, müssen möglicherweise die Wechselwirkungen z.B. mit Regeln zu Gruppenbesteuerung, Verlustabtretung und Gewinnbeitrag untersucht werden. Diese Fragen werden in Kapitel 11 behandelt.

Funktionsweise einer Konzernquotenregel

129. Zur Bestimmung der Höhe der Nettozinsaufwendungen, die nach einer Konzernquotenregel abgezogen werden können, wird ein zweistufiges Verfahren eingesetzt.

1. Bestimmung des Verhältnisses Nettozinsaufwand gegenüber Dritten/EBITDA des Konzerns

   Nettozinsaufwand gegenüber Dritten/ EBITDA des Konzerns = Konzernquote

2. Anwendung der Konzernquote auf das EBITDA eines Konzernunternehmens

   Konzernquote x EBITDA des Konzernunternehmens = Obergrenze für den abzugsfähigen Nettozinsaufwand

1. Schritt: Bestimmung des Verhältnisses Nettozinsaufwand gegenüber Dritten/EBITDA des Konzerns

130. Der erste Schritt bei der Anwendung der Konzernquotenregel besteht darin, den Nettozinsaufwand des weltweiten Konzerns gegenüber Dritten im Verhältnis zu dessen EBITDA zu berechnen. Um sicherzustellen, dass eine entsprechende Regel für die Konzerne so einfach wie möglich anzuwenden und für die Steuerverwaltungen so einfach wie möglich zu prüfen ist, sollte sich diese Berechnung auf Informationen stützen, die dem Konzernabschluss des betreffenden Konzerns entnommen werden können.

Berechnung des Nettozinsaufwands gegenüber Dritten

131. Wie in Kapitel 2 beschrieben, sollte ein Best-Practice-Ansatz Gewinnverkürzungen und Gewinnverlagerungen im Zusammenhang mit Zinsen und Zahlungen, die Zinsen wirtschaftlich gleichzusetzen sind, entgegenwirken. Die Rechnungslegungsgrundsätze unterscheiden sich hinsichtlich der Behandlung der finanziellen Erträge und Aufwendungen eines Konzerns, die meisten wählen jedoch eine breite Abgrenzung, die Zinsen und Zinsen wirtschaftlich gleichzusetzende Zahlungen umfasst. Daher wird empfohlen, dass bei der Berechnung des Verhältnisses Nettozinsaufwand gegenüber Dritten/EBITDA des Konzerns die Zahlen zu den Nettozinsaufwendungen gegenüber Dritten aus der Rechnungslegung zu Grunde gelegt werden sollten.

132. Nach diesem Ansatz könnte der Nettozinsaufwand eines Konzerns gegenüber Dritten auf drei Arten bestimmt werden. Diese drei Vorgehensweisen entsprechen einem zunehmenden Grad an Präzision, aber zugleich auch an Komplexität.

Ansatz 1: Verwendung unberichtigter Zahlen aus der Rechnungslegung

133. Der einfachste Ansatz zur Bestimmung des Nettozinsaufwands gegenüber Dritten ist die direkte Verwendung der Zahlen zu Erträgen und Aufwendungen aus dem Konzernabschluss ohne Anpassung. Je nach den verwendeten Rechnungslegungsstandards und -verfahren handelt es sich dabei um die Posten, die unter der Bezeichnung Zinserträge und -aufwendungen, Finanzerträge und -aufwendungen oder einem ähnlichen Begriff laufen. Dies ist ein einfach anzuwendender Ansatz, der in vielen Fällen einen wirksamen Schutz gegen schwerwiegende Gewinnverkürzungen und Gewinnverlagerungen bieten dürfte. Allerdings bleibt dabei ein Risiko bestehen, da die Verwendung unberichtigter Zahlen bedeuten könnte, dass der Nettozinsaufwand eines Konzerns gegenüber Dritten über- oder unterzeichnet wird, was zur Folge hätte, dass die Obergrenze für den abzugsfähigen Nettozinsaufwand eines Konzernunternehmens zu hoch (was zu möglichen Gewinnverkürzungen und Gewinnverlagerungen führen könnte) oder zu niedrig (was zu Doppelbesteuerung führen könnte) angesetzt würde. Dieser Ansatz würde auch bedeuten, dass der Nettozinsaufwand eines Konzerns gegenüber Dritten je nach den verwendeten Rechnungslegungsgrundsätzen und der Möglichkeit, Zinserträge oder -aufwendungen in verschiedenen Zeilen der Erfolgsrechnung des Konzerns auszuweisen, variieren würde. Beispielsweise bieten die Rechnungslegungsstandards in manchen Fällen gewissen Freiraum, um bestimmte Einnahmen- und Ausgabenposten unter dem Betriebsgewinn, den Finanzerträgen und -aufwendungen oder explizit als gesonderten Posten in der Konzernerfolgsrechnung auszuweisen. Außerdem könnte die Verwendung nichtberichtigter Zahlen zu erheblichen Schwankungen des Nettozinsaufwands eines Konzerns gegenüber Dritten führen, beispielsweise wenn ein Konzern, der einen Konzernabschluss nach IFRS erstellt, Veränderungen des Zeitwerts von Finanzforderungen und -verbindlichkeiten unter den Finanzerträgen und -aufwendungen verbucht.

Ansatz 2: Verwendung von um bestimmte Beträge berichtigten Zahlen aus der Rechnungslegung

134. Anstatt die Zahlen aus dem Konzernabschluss eines Konzerns ohne Anpassung direkt zu verwenden, könnte ein Staat von einem Konzernunternehmen auch verlangen, dass es Anpassungen zur Einbeziehung oder Ausklammerung bestimmter Zahlungen vornimmt. Daraus würde sich eine etwas komplexere Regel ergeben, die aber einigen der Unterschiede zwischen verschiedenen Rechnungslegungsstandards Rechnung trägt und die in Kapitel 2 beschriebenen Beträge genauer widerspiegelt. Zu den möglichen Anpassungen, deren Vornahme ein Staat von einem Konzernunternehmen bei der Bestimmung des Nettozinsaufwands gegenüber Dritten verlangen könnte, gehören:

- **Entfernung von Zahlungen, die Zinsen nicht wirtschaftlich gleichzusetzen sind.** Dies könnte umfassen: *a)* Dividendeneinkünfte, *b)* Gewinne und Verluste aus der Veräußerung von Finanzinstrumenten, *c)* Wertzuwächse und -verluste bei Finanzinstrumenten und *d)* kalkulatorische Zinsbeträge, die keine tatsächlichen Zinszahlungen enthalten. In vielen Fällen können die betreffenden Beträge im Konzernabschluss identifiziert werden.
- **Hinzurechnung kapitalisierter Zinsen.** Kapitalisierte Zinsen werden in die bilanzielle Bewertung eines Vermögensgegenstandes einbezogen und nicht in den Finanzaufwendungen des Konzerns berücksichtigt. Die Höhe der kapitalisierten Zinsen eines Jahres wird häufig im Konzernabschluss identifiziert. Eine Berichtigung um kapitali-

sierte Zinsen kann in der Periode, in der die Zinsen angefallen sind, oder parallel zu ihrer Abschreibung über die Lebensdauer des entsprechenden Vermögensgegenstandes erfolgen.

- **Hinzurechnung von Zinserträgen oder -aufwendungen, die unter anderen Einnahmen- oder Ausgabenkategorien ausgewiesen sind**. Dazu könnten Zinserträge, die in den Bruttoumsatzerlösen berücksichtigt sind, oder Zinsaufwendungen, die unter den Umsatzkosten oder in der Steuerzeile verbucht sind, gehören. In manchen Fällen sind diese Beträge möglicherweise nicht im Konzernabschluss genannt und müssen den ihm zu Grunde liegenden Finanzunterlagen entnommen werden. Konzerne könnten in der Lage sein, Verfahren einzuführen, die eine leichtere Identifizierung solcher Zahlungen gestatten, vor allem wenn sich dies in einem Anstieg des Gesamtnettozinsaufwands gegenüber Dritten niederschlägt.

135. Wenn ein Staat diesen Ansatz anwendet, könnte er von einem Konzernunternehmen verlangen, dass es die Beträge aller Anpassungen von einem unabhängigen, einer Aufsicht unterstehenden Wirtschaftsprüfer bestätigen lässt. Alternativ dazu kann eine Steuerverwaltung auch eigene Untersuchungen zur Prüfung der Anpassungen durchführen.

Ansatz 3: Verwendung von auf der Rechnungslegung basierenden Bewertungen der Zinsen und sonstigen in Kapitel 2 genannten Zahlungen

136. Bei der genauesten, aber potenziell komplexesten Methode wird von einem Konzernunternehmen verlangt, dass es eine Bewertung der Beträge, die in der Definition der Zinsen und Zinsen wirtschaftlich gleichzusetzenden Zahlungen aus Kapitel 2 enthalten sind, auf der Grundlage der im Konzernabschluss ausgewiesenen Beträge vornimmt.

137. In den meisten Fällen dürfte dies zu einem im Wesentlichen identischen Wert für den Nettozinsaufwand gegenüber Dritten führen wie nach dem 2. Ansatz. Wenn jedoch zwischen den Posten, die unter den Finanzerträgen und -aufwendungen eines Konzerns verbucht sind, und jenen, die die Definition von Kapitel 2 umfasst, eine Differenz besteht, die nicht durch die vorstehend beschriebenen Anpassungen abgedeckt wird, dürfte dieser Ansatz ein genaueres und gezielteres Ergebnis liefern. Andererseits könnte es schwieriger sein, diesen Wert des Nettozinsaufwands gegenüber Dritten direkt anhand des Konzernabschlusses zu überprüfen, weshalb dieser Ansatz nur verwendet werden sollte, wenn sich ein Staat sicher ist, dass es ihm möglich ist, die dem Konzernabschluss zu Grunde liegenden Geschäftsbücher und Aufzeichnungen des Konzerns zu prüfen.

Vorgeschlagener Ansatz

138. Die Berechnung der von Dritten bezogenen Nettozinserträge sollte sich auf Zahlen aus dem Konzernabschluss stützen. Die Verwendung nichtberichtigter Zahlen gilt derzeit zwar als akzeptabler Ansatz, dabei bestehen jedoch Risiken, dass der Nettozinsaufwand gegenüber Dritten über- oder unterzeichnet werden könnte, und es ist anzunehmen, dass die meisten Staaten Anpassungen dieser Zahlen vornehmen möchten, die allerdings im Interesse einer einfachen Handhabung auf ein Mindestmaß begrenzt werden sollten. Es sind weitere Arbeiten nötig, um zu beurteilen, wie gut sich die verschiedenen oben beschriebenen Ansätze umsetzen lassen, wie Informationen ausgehend von nach unterschiedlichen Rechnungslegungsstandards erstellten Jahresabschlüssen beschafft werden können und, falls Anpassungen der Zahlen aus der Rechnungslegung vorgenommen werden müssen, welche Beträge im Nettozinsaufwand gegenüber Dritten berücksichtigt und welche ausgeklammert werden sollten.

139. Bei allen drei Ansätzen kann ein Staat beschließen, einen Aufschlag auf den Nettozinsaufwand gegenüber Dritten um bis zu 10% zuzulassen. Dadurch reduziert sich das

Risiko, dass nicht die gesamten tatsächlichen Nettozinsaufwendungen eines Konzerns gegenüber Dritten berücksichtigt werden. Dies würde auch den Effekt von Sachzwängen verringern, die bewirken, dass es einem Konzern auch auf lange Sicht nicht möglich ist, Nettozinsaufwand und EBITDA genau abzustimmen. Beispiel 6c in Anhang D veranschaulicht, wie ein solcher Aufschlag vorgenommen werden könnte.

140. Wie vorstehend im Abschnitt *Konzerndefinition* erörtert, besteht bei einer Konzernquotenregel ein Risiko, dass der Nettozinsaufwand des Konzerns gegenüber Dritten mit Zinszahlungen an nicht zum Konzern gehörende nahestehende Dritte aufgebläht wird. Dies hätte zur Folge, dass sich der Nettozinsaufwand des Konzerns gegenüber Dritten im Verhältnis zu seinem EBITDA erhöhen würde, womit auch die Obergrenze für den abzugsfähigen Nettozinsaufwand der einzelnen Konzernunternehmen steigen würde. Ein Staat könnte diesem Risiko begegnen, indem er festlegt, dass der Nettozinsaufwand gegenüber Dritten keine Zahlungen an nahestehende Dritte umfassen darf. Alternativ dazu sollte ein Staat, wenn er die Einbeziehung von Zinszahlungen an nahestehende Dritte in den Nettozinsaufwand gestattet, gezielte Regeln wie in Kapitel 9 beschrieben einführen, um sicherzustellen, dass diese Zahlungen nicht verwendet werden, um die Wirksamkeit der Regel im Hinblick auf die Bekämpfung von Gewinnverkürzung und Gewinnverlagerung zu schmälern.

Berechnung des EBITDA des Konzerns

141. Das EBITDA ist eine objektive Messgröße der wirtschaftlichen Tätigkeit in einem Konzern, die auf Konzerne in der Mehrzahl der Branchen angewandt werden kann (mit Ausnahme des Bank- und Versicherungsgewerbes, das in Kapitel 10 behandelt wird). Das EBITDA ist im Allgemeinen nicht explizit in der Konzernerfolgsrechnung ausgewiesen, für die Zwecke der Anwendung einer Konzernquotenregel sollte es aber ausgehend von Zahlen berechnet werden, die dem Konzernabschluss problemlos entnommen werden können.

142. Nach bester Praxis sollte der Ausgangspunkt für die Berechnung des Konzern-EBITDA der Gewinn vor Steuern zuzüglich Nettozinsaufwendungen gegenüber Dritten und Abschreibungen (einschließlich Firmenwertabschreibungen) sein. Um Doppelerfassungen zu vermeiden, wenn die Nettozinsaufwendungen gegenüber Dritten angepasst wurden, um auch kapitalisierte Zinsen (oder Abschreibungen kapitalisierter Zinsen) einzuschließen, sollten die Abschreibungen ebenfalls angepasst werden, um Beträge auszuklammern, die Zinsabschreibungen entsprechen, die im Wert der aktivierten Vermögensgegenstände erfasst sind. Es werden weitere Arbeiten durchgeführt werden, um die Definition des Konzern-EBITDA genauer einzugrenzen, beispielsweise in Bezug darauf, ob es bestimmte Posten umfassen sollte, z.B. Dividendeneinkünfte (und ob dies davon abhängig sein sollte, dass die Dividenden steuerpflichtig wären, wenn sie in dem Staat, der die Regel anwendet, bezogen würden), sonstige Finanzerträge und -aufwendungen, die nicht unter dem Nettozinsaufwand gegenüber Dritten erfasst sind, Einmaleffekte von Umstrukturierungen und Verschmelzungen sowie Gewinnanteile von assoziierten Unternehmen und Gemeinschaftsunternehmen, die nach der Equity-Methode in den Konzernabschluss einbezogen werden, die aber im Sinne der Konzernquotenregel nicht zum Konzern gehören[3].

2. Schritt: Anwendung der Konzernquote auf das EBITDA eines Konzernunternehmens

143. Wenn der Nettozinsaufwand gegenüber Dritten und das EBITDA eines Konzerns ermittelt wurden, ist es möglich, das Verhältnis Nettozinsaufwand gegenüber Dritten/

EBITDA des Konzerns zu berechnen. Diese Quote kann dann auf das EBITDA eines einzelnen Konzernunternehmens angewandt werden, um die Obergrenze für die Nettozinsaufwendungen zu bestimmen, die es nach einer Konzernquotenregel in Abzug bringen kann. Im Rahmen eines Best-Practice-Ansatzes kann ein Staat festlegen, dass das EBITDA eines Konzernunternehmens entweder nach Steuer- oder nach Rechnungslegungsgrundsätzen zu berechnen ist. Nachstehend ist zusammengefasst, wie das steuerliche EBITDA und das bilanzielle EBITDA eines Konzernunternehmens nach einem Best-Practice-Ansatz bestimmt wird. Weitere Einzelheiten, die veranschaulichen, wie diese verschiedenen Methoden zu unterschiedlichen Ergebnissen führen können, liefert Beispiel 8 in Anhang D.

Bestimmung des steuerlichen EBITDA eines Konzernunternehmens

144. Das steuerliche EBITDA eines Unternehmens entspricht seinem steuerpflichtigen Gewinn nach Hinzurechnung der steuerlichen Werte von Nettozinsaufwendungen und Abschreibungen. Diese Werte werden nach den Steuervorschriften des Staates bestimmt, der die Regel anwendet. Steuerfreie Einkünfte wie Gewinne von Zweigniederlassungen oder Dividendeneinkünfte, für die Schachtelprivilegien gelten, sollten nicht in die Berechnung des steuerlichen EBITDA einbezogen werden. Auch für steuerpflichtige Gewinne von Zweigniederlassungen und Dividendeneinkünfte sollten, soweit diese auf Grund der Anrechnung ausländischer Steuern von der Besteuerung abgeschirmt sind, angemessene Anpassungen vorgenommen werden, um den Problemen der Gewinnverkürzung und Gewinnverlagerung zu begegnen, die Gegenstand dieses Berichts sind. Das Verhältnis Nettozinsaufwand gegenüber Dritten/EBITDA eines Konzerns kann auf das steuerliche EBITDA eines Konzernunternehmens angewandt werden, um eine steuerliche Obergrenze für den abzugsfähigen Nettozinsaufwand zu ermitteln. Diese Obergrenze wird direkt mit den Nettozinsaufwendungen des Konzernunternehmens für Steuerzwecke verglichen, um die Höhe des Betrags zu bestimmen, der in Abzug gebracht werden kann.

145. Die Bestimmung des EBITDA auf der Grundlage steuerlicher Prinzipien deckt sich mit dem Ansatz, der zur Berechnung des Gewinns eines Konzernunternehmens nach der Festquotenregel empfohlen wird. Sie ist ebenfalls für Konzerne leicht umzusetzen und für Steuerverwaltungen leicht zu prüfen und hat als Methode, um Gewinnverkürzungen und Gewinnverlagerungen entgegenzuwirken, den Vorteil, dass die Zinsabzüge eines Konzernunternehmens an die Höhe seiner steuerpflichtigen Einkünfte geknüpft sind. Das bedeutet, dass ein Konzernunternehmen, dessen steuerpflichtige Einkünfte höher sind als die bilanziellen Einkünfte, über ein entsprechend größeres Zinsabzugspotenzial verfügt. Dementsprechend wird ein Konzernunternehmen, das Steuerplanung betreibt, um seine steuerpflichtigen Einkünfte zu verringern, geringere Nettozinsaufwendungen in Abzug bringen können. Wenn ein Staat die Konzernquotenregel auf die Position des Inlandskonzerns anstatt auf alle Konzernunternehmen separat anwendet, sollte das steuerliche EBITDA des Inlandskonzerns relativ einfach zu berechnen sein, indem das steuerliche EBITDA der einzelnen Konzernunternehmen aggregiert wird (mit Anpassungen, falls der Inlandskonzern Unternehmen umfasst, deren steuerliche Veranlagungszeiträume sich unterscheiden).

Bestimmung des bilanziellen EBITDA eines Konzernunternehmens

146. Das bilanzielle EBITDA eines Konzernunternehmens sollte nach der gleichen Methode berechnet werden wie das EBITDA des Konzerns. Allerdings sollten alle Einkünfte, die nicht steuerpflichtig sind, z.B. Dividendeneinnahmen oder Gewinne von Zweigniederlassungen, für die Schachtelprivilegien gelten, ausgeklammert werden. Damit wird sichergestellt,

dass ein Konzernunternehmen nicht infolge von steuerbefreiten Einkünften ein höheres Zinsabzugspotenzial erhält, was zu Gewinnverkürzung und Gewinnverlagerung führen könnte.

147. Das bilanzielle EBITDA eines Konzernunternehmens sollte sich im Prinzip auf Zahlen aus der Rechnungslegung stützen, die nach den gleichen Rechnungslegungsvorschriften ermittelt wurden, die auch bei der Erstellung des Konzernabschlusses angewandt wurden. Für viele Konzerne wäre das jedoch mit erheblichem Aufwand verbunden, da die Jahresabschlüsse der Konzernunternehmen aktuell möglicherweise nur nach den im betreffenden Land geltenden Rechnungslegungsstandards erstellt werden. Daher sollten die Staaten – in Anbetracht der Tatsache, dass die verschiedenen Elemente des EBITDA für Konzerne in der Mehrzahl der Branchen nach den wichtigsten Rechnungslegungsgrundsätzen weitgehend übereinstimmend ausgewiesen und bewertet werden – in Erwägung ziehen, als zweckmäßige Alternative das nach inländischen Rechnungslegungsstandards ermittelte EBITDA eines Konzernunternehmens zu akzeptieren. Bei der Entscheidung darüber, ob sie das nach den inländischen Rechnungslegungsstandards ermittelte EBITDA akzeptieren, könnten sich die Staaten daran orientieren, inwieweit diese Rechnungslegungsstandards mit IFRS und anderen wichtigen Rechnungslegungsgrundsätzen übereinstimmen.

148. Bei der Bestimmung des bilanziellen EBITDA eines Konzernunternehmens wird ferner empfohlen, dass keine Anpassungen zur Ausklammerung von Gewinnen und Verlusten vorgenommen werden sollten, die sich aus konzerninternen Geschäftsvorfällen ergeben. Das bedeutet, dass das aggregierte EBITDA der einzelnen Konzernunternehmen in manchen Fällen höher sein kann als das konsolidierte EBITDA des Gesamtkonzerns. Dazu kann es beispielsweise kommen, wenn ein Konzernunternehmen den Gewinn aus dem Verkauf von Waren an ein anderes Konzernunternehmen ausweist, der Kaufpreis aber noch nicht unter den Umsatzkosten dieses anderen Konzernunternehmens verbucht ist, da die Waren noch nicht konzernextern verkauft wurden. Allerdings dürfte dieser Ansatz gewährleisten, dass das EBITDA der einzelnen Konzernunternehmen den Umfang ihrer wirtschaftlichen Tätigkeit widerspiegelt, auch wenn diese Tätigkeit eine Folge von konzerninternen wirtschaftlichen Beziehungen ist. Wenn ein Staat die Konzernquotenregel auf die Position des Inlandskonzerns als Ganzes anwendet, sollte das bilanzielle EBITDA der einzelnen inländischen Konzernunternehmen aggregiert werden. In diesem Fall können die konzerninternen Geschäftsvorfälle innerhalb des Inlandskonzerns, soweit sie sich nicht gegenseitig ausgleichen, ausgeschlossen werden.

149. Das Verhältnis Nettozinsaufwand gegenüber Dritten/EBITDA eines Konzerns kann auf das bilanzielle EBITDA eines Konzernunternehmens angewandt werden, um eine rechnungslegungsbezogene Obergrenze für den Nettozinsaufwand zu ermitteln. Diese Obergrenze könnte direkt mit den Nettozinsaufwendungen des Konzernunternehmens für Steuerzwecke verglichen werden, um die Höhe des Betrags zu bestimmen, der in Abzug gebracht werden kann. Alternativ dazu könnte die rechnungslegungsbezogene Obergrenze angepasst werden, um Unterschieden zwischen dem bilanziellen und dem steuerlichen Nettozinsaufwand des Konzernunternehmens Rechnung zu tragen. Eine mögliche Methode, dies zu gewährleisten, ist in Beispiel 8c in Anhang D dargelegt.

Behebung des Effekts unrentabler Konzernunternehmen auf die Funktionsweise einer Konzernquotenregel

150. Nach einer Konzernquotenregel ist ein Konzernunternehmen im Allgemeinen in der Lage, einen Zinsabzug bis zur Höhe des Verhältnisses Nettozinsaufwand gegenüber

Dritten/EBITDA seines Konzerns geltend zu machen. Allerdings gibt es zwei Szenarien, die beide infolge der Präsenz von unrentablen Konzernunternehmen eintreten können und die bewirken, dass dieser allgemeine Ansatz eingeschränkt werden muss.

151. Das erste Szenario ist das eines Konzerns, der ein positives EBITDA ausweist, in dem aber die Ergebnisse eines unrentablen Konzernunternehmens enthalten sind. Dies hat zur Folge, dass sich das Konzern-EBITDA verringert und der Nettozinsaufwand des Konzerns gegenüber Dritten im Verhältnis zu seinem EBITDA steigt. Nach einer Konzernquotenregel würde sich dadurch das Zinsabzugspotenzial rentabler Konzernunternehmen erhöhen, möglicherweise in einem Umfang, der den tatsächlichen Nettozinsaufwand des Gesamtkonzerns übersteigt. Wenn ein Vortrag von nicht ausgeschöpftem Zinsabzugspotenzial zulässig ist, könnte dieses Potenzial genutzt werden, um Zinsabzüge in späteren Veranlagungszeiträumen zu sichern. Dies wird durch Beispiel 9a in Anhang D veranschaulicht. Diesem Risiko könnte teilweise durch ein allgemeines Prinzip begegnet werden, das für das Zinsabzugspotenzial eines Konzernunternehmens, das die Konzernquotenregel anwendet, eine Obergrenze vorsieht, die den Nettozinsaufwendungen gegenüber Dritten des Gesamtkonzerns entspricht. Diese Obergrenze sollte nicht zur Folge haben, dass ein Konzernunternehmen weniger Nettozinsaufwendungen in Abzug bringen kann, als nach der Konzernquotenregel möglich gewesen wäre, wenn das Konzern-EBITDA nicht durch Verluste geschmälert worden wäre. Dieser Ansatz beseitigt nicht das Risiko, dass die abzugsfähigen Nettozinsaufwendungen aller Konzernunternehmen zusammengenommen höher sein könnten als die tatsächlichen Nettozinsaufwendungen des Konzerns gegenüber Dritten. Allerdings dürfte er verhindern, dass ein einzelnes Konzernunternehmen ein sehr hohes Zinsabzugspotenzial erhält, das zur Gewinnverkürzung und Gewinnverlagerung genutzt werden könnte. Wie die Obergrenze funktionieren würde, ist in Beispiel 9b in Anhang D dargestellt.

152. Das zweite Szenario betrifft Konzerne, deren konsolidiertes EBITDA negativ ist, die aber auch rentable Konzernunternehmen umfassen. In diesem Fall ist es nicht möglich, eine aussagekräftige Verhältniszahl Nettozinsaufwand gegenüber Dritten/EBITDA für den Konzern zu berechnen, da diese Quote negativ wäre. Allerdings leistet ein rentables Konzernunternehmen dennoch einen positiven Beitrag zum Konzernergebnis, was berücksichtigt werden sollte. In einem solchen Fall könnte ein Konzernunternehmen mit positivem EBITDA, das einem Verluste schreibenden Konzern angehört, nach dem Best-Practice-Ansatz ein Zinsabzugspotenzial erhalten, das seinem tatsächlichen Nettozinsaufwand oder dem Nettozinsaufwand des Konzerns gegenüber Dritten entspricht, je nachdem welcher dieser beiden Werte niedriger ist. Wie in Beispiel 9c in Anhang D verdeutlicht, ermöglicht dies dem Konzernunternehmen, seinen tatsächlichen Nettozinsaufwand in Abzug zu bringen, allerdings nur bis zu einer Obergrenze, die sich an den tatsächlichen Zinsaufwendungen seines Konzerns orientiert. Da unter diesen Umständen keine Konzernquote berechnet werden kann, ist dies die einfachste Methode, um das Zinsabzugspotenzial eines Konzernunternehmens an die Position seines Konzerns zu knüpfen.

153. Eine alternative Methode wäre, unrentable Konzernunternehmen bei der Berechnung des Konzern-EBITDA auszuklammern. Damit könnte das Risiko beseitigt werden, dass ein Konzernunternehmen ein überhöhtes Zinsabzugspotenzial erhielte. Allerdings ist es im Allgemeinen nicht möglich, dem Konzernabschluss Informationen zu Konzernunternehmen zu entnehmen, die Verluste schreiben. Einem Konzernunternehmen könnte es möglich sein, solche Informationen der Steuerverwaltung eines Staats direkt zur Verfügung zu stellen, für die Steuerverwaltung könnte es jedoch sehr schwierig sein, die Richtigkeit dieser Informationen zu überprüfen und sicherzustellen, dass alle unrentablen Konzern-

unternehmen identifiziert und ausgenommen wurden. Die Beispiele 9d und 9e in Anhang D veranschaulichen, wie dieser Ansatz in der Praxis angewandt werden könnte.

154. Es werden weitere Arbeiten zum Effekt von Verlusten auf die Funktionsweise einer Konzernquotenregel und zur Umsetzbarkeit der verschiedenen Methoden zur Behebung dieses Effekts durchgeführt werden. Fragen im Zusammenhang mit dem Effekt von Verlusten auf eine Konzernquotenregel stellen sich nur, wenn der betreffenden Regel eine gewinnbezogene Quote zu Grunde liegt. Wenn eine andere Regel angewandt wird, z.B. eine, die auf dem Verhältnis Eigenkapital/Bilanzsumme basiert, dürften keine besonderen Bestimmungen notwendig sein, um dem Effekt von Verlusten Rechnung zu tragen.

Anmerkungen

1. Kapitel 11 enthält eine Zusammenfassung der verschiedenen Ansätze, die ein Staat je nach Aufbau seines Steuersystems bei der Anwendung einer Festquotenregel auf einen inländischen Konzernteil verfolgen kann.
2. Der Begriff „nahestehende Dritte" wird in Kapitel 9 definiert.
3. Für die Zwecke der Rechnungslegung sind „assoziierte Unternehmen" Unternehmen, auf die ein Konzern zwar einen maßgeblichen, aber keinen beherrschenden Einfluss ausüben kann. Dies ist im Allgemeinen der Fall, wenn der Konzern über 20-50% der Stimmrechte im betreffenden Unternehmen verfügt.

Kapitel 8

Ausgleich von Gewinnschwankungen und Vermeidung von Doppelbesteuerung

155. Bei einem Best-Practice-Ansatz, der den Abzug von Nettozinsaufwendungen an das EBITDA eines Unternehmens koppelt, besteht eine zentrale Frage darin, wie mit Gewinnschwankungen umzugehen ist, die Auswirkungen auf die Fähigkeit eines Unternehmens haben, seine Zinsaufwendungen in Abzug zu bringen. Wenn Gewinnschwankungen oder zeitliche Diskrepanzen zwischen Zinsaufwendungen und EBITDA dazu führen, dass ein Konzernunternehmen den Referenzwert einer Festquotenregel überschreitet, kann die in Kapitel 7 beschriebene Konzernquotenregel eine Lösung darstellen, die es dem Konzernunternehmen gestattet, Nettozinsaufwendungen bis zur Höhe des Verhältnisses Nettozinsaufwand gegenüber Dritten/EBITDA seines Konzerns in Abzug zu bringen, wenn diese Quote höher ist. Vergleichbares könnte auch durch die Anwendung einer auf dem Verhältnis Eigenkapital/Bilanzsumme basierenden Konzernquotenregel erreicht werden, z.B. durch den in Anhang C beschriebenen Eigenkapital-Escape, der auch von einem Konzernunternehmen mit negativem EBITDA genutzt werden könnte, sofern dieses nachweisen kann, dass die Anforderungen der Regel erfüllt sind. Ansonsten kann diesen Problemen bis zu einem gewissen Grad begegnet werden, indem der EBITDA-Durchschnitt mehrerer Jahre herangezogen wird oder einem Konzernunternehmen gestattet wird, nicht abzugsfähige Zinsaufwendungen und ungenutztes Zinsabzugspotenzial in frühere Veranlagungszeiträume rückzutragen bzw. in künftige Veranlagungszeiträume vorzutragen.

Messung der wirtschaftlichen Tätigkeit anhand eines durchschnittlichen EBITDA

156. Anstatt die Fähigkeit eines Konzernunternehmens zur Geltendmachung von Nettozinsaufwendungen an die wirtschaftliche Tätigkeit eines einzigen Jahres zu knüpfen, könnten Durchschnittswerte herangezogen werden, um die Auswirkungen kurzfristiger Gewinnschwankungen zu verringern. Im Rahmen einer Festquotenregel etwa könnte die Referenzquote beispielsweise auf das durchschnittliche EBITDA des laufenden Jahres und der vorangegangenen zwei Jahre angewandt werden. In diesem Fall würden sich die Auswirkungen eines einmaligen Rückgangs des EBITDA über einen Dreijahreszeitraum verteilen, wobei die geringeren Gewinne eines Jahres mit den höheren Gewinnen in den anderen Jahren verrechnet würden. Im Rahmen einer Konzernquotenregel wäre der Rückgriff auf Durchschnittswerte komplizierter, da dies bei der Berechnung des EBITDA sowohl des Konzerns als auch jedes Konzernunternehmens geschehen müsste. Dies würde zusätzliche Fragen aufwerfen, die bedacht werden müssten, z.B. wie in Fällen zu verfahren ist, bei denen sich die Zusammensetzung eines Konzerns in dem zur Berechnung des Durchschnitts

herangezogenen Zeitraum verändert. Der Rückgriff auf Durchschnittswerte könnte jedoch die Auswirkungen von Verlusten auf die Funktionsweise einer Regel verringern, insbesondere in Fällen, in denen ein Konzernunternehmen nur ein oder zwei Jahre lang Verluste schreibt.

157. Die Heranziehung von Durchschnittswerten könnte einem Konzernunternehmen eine gewisse Absicherung in Bezug auf kurzfristige Schwankungen bieten, nicht jedoch in Bezug auf längerfristige Schwankungen, die über den der Berechnung des Durchschnittswerts zu Grunde gelegten Zeitraum hinausgehen. Auch einem Unternehmen, dem durch die Finanzierung von Projekten oder Investitionen Zinsaufwendungen entstehen, die erst mehr als z.B. zwei Jahre später zu einem Anstieg des EBITDA führen werden, würde die Verwendung von Durchschnittswerten nicht nützen.

158. Die Verwendung von Durchschnittswerten dürfte die Komplexität einer Regel insgesamt erhöhen, könnte jedoch helfen, Gewinnschwankungen auszugleichen. Sie ist somit eine Option, die Staaten im Rahmen des Best-Practice-Ansatzes wählen können. Um das Arbitragerisiko zu verringern, sollte die Entscheidung, auf Durchschnittswerte zurückzugreifen, jedoch für alle Unternehmen eines Inlandskonzerns gelten. Beispiel 10 in Anhang D veranschaulicht, wie ein Dreijahresdurchschnitt im Rahmen einer Festquotenregel angewandt werden könnte.

Vor- und Rücktrag von nicht abziehbaren Zinsaufwendungen und ungenutztem Zinsabzugspotenzial

159. Wenn eine Zinszahlung mit einer bestimmten Transaktion in Zusammenhang steht, die auf Gewinnverkürzung oder Gewinnverlagerung abzielt, oder wenn der Nettozinsaufwand des Konzernunternehmens systematisch über dem Festquotenreferenzwert und der Konzernquote liegt, kann eine endgültige Versagung des Zinsabzugs angemessen sein. Es kann jedoch Fälle geben, in denen die Zinsaufwendungen in einem Unternehmen den zulässigen Wert einfach auf Grund einer zeitlichen Inkongruenz überschreiten, die sich in einem späteren Zeitraum aufhebt. Dazu kann es beispielsweise kommen, wenn einem Konzernunternehmen Zinsaufwendungen durch die Finanzierung von Projekten oder Investitionen entstehen, die erst in einem späteren Zeitraum zu Gewinnen führen werden. Zudem kann es Fälle geben, in denen das EBITDA eines Konzernunternehmens aus Gründen, die sich seiner Kontrolle entziehen, Schwankungen unterworfen ist, etwa auf Grund sich verändernder Marktbedingungen, durch die sich der Nettozinsaufwand erhöht oder verringert, den das Unternehmen steuerlich in Abzug bringen kann. Im Rahmen einer Konzernquotenregel kann die Höhe des Nettozinsaufwands, den ein Konzernunternehmen in Abzug bringen kann, darüber hinaus durch Schwankungen des EBITDA in anderen Teilen des Konzerns beeinflusst werden. In diesen Fällen hätte eine endgültige Versagung des Zinsabzugs für Konzerne ein gewisses Maß an Unsicherheit zur Folge, was eine langfristige Planung erschweren könnte und von einem Staat als nicht wünschenswert betrachtet werden könnte. Außerdem kann eine endgültige Versagung des Zinsabzugs zu Doppelbesteuerung führen, wenn die entsprechenden Zinserträge des Kreditgebers besteuert werden.

160. Sowohl eine Festquotenregel als auch eine Konzernquotenregel begrenzen die Fähigkeit eines Konzernunternehmens, Nettozinsaufwendungen in Abzug zu bringen (d.h. sein Zinsabzugspotenzial). Außer in Fällen, in denen sich das Zinsabzugspotenzial eines Konzernunternehmens genau mit seinem Nettozinsaufwand deckt, wird die Anwendung einer Regel entweder dazu führen, dass ihm ein Zinsabzug versagt wird (d.h. sein

Nettozinsaufwand übersteigt den zulässigen Höchstbetrag) oder dass es ungenutztes Zinsabzugspotenzial hat (d.h. sein Nettozinsaufwand liegt unter dem zulässigen Höchstwert). Würden Vor- bzw. Rücktragsbestimmungen es gestatten, nicht abziehbare Zinsaufwendungen und ungenutztes Zinsabzugspotenzial in anderen Veranlagungszeiträumen zu nutzen, wäre dies für Unternehmen eindeutig von Vorteil, da dadurch das Risiko einer endgültigen Versagung des Zinsabzugs verringert würde, wenn Zinsaufwendungen und EBITDA in unterschiedliche Veranlagungszeiträume fallen. Auch aus Sicht eines Staates könnte dies dafür sprechen, die Höhe des abzugsfähigen Nettozinsaufwands eines Unternehmens an die Höhe seiner Gewinne im Zeitverlauf zu koppeln.

161. Nach dem Best-Practice-Ansatz ist ein Staat nicht verpflichtet, einem Unternehmen den Vor- oder Rücktrag von nicht abziehbaren Zinsaufwendungen oder von ungenutztem Zinsabzugspotenzial zu gestatten. Ein Staat kann jedoch beschließen, einem Unternehmen Folgendes zu gestatten:

- nur den Vortrag von nicht abziehbaren Zinsaufwendungen;
- den Vortrag von nicht abziehbaren Zinsaufwendungen und von ungenutztem Zinsabzugspotenzial;
- den Vor- und Rücktrag von nicht abziehbaren Zinsaufwendungen.

162. Die nicht abziehbaren Zinsaufwendungen eines Unternehmens, die nach diesen Bestimmungen vor- oder rücktragbar sind, sind im Allgemeinen die abzugsfähigen Nettozinsaufwendungen, die den nach der Festquotenregel oder der Konzernquotenregel zulässigen Höchstbetrag übersteigen. Zinsaufwendungen, die auf Grund gezielter Regeln nicht abzugsfähig sind, stehen im Allgemeinen mit Transaktionen oder Gestaltungen in Zusammenhang, die spezielle Gewinnverkürzungs- und Gewinnverlagerungsrisiken bergen, und sollten nicht vor- oder rücktragbar sein.

163. Wenn ein Staat einem Unternehmen den Vortrag von ungenutztem Zinsabzugspotenzial gestattet, kann sich dies auf den Betrag beschränken, um den die Nettozinsaufwendungen eines Unternehmens den nach der Festquotenregel gestatteten Betrag unterschreiten. Alternativ dazu kann ein Staat den Vortrag ungenutzten Zinsabzugspotenzials auf Basis des nach der Konzernquotenregel abzugsfähigen Nettozinsaufwands gestatten. Dies würde die Auswirkungen der Volatilität von Konzerngewinnen auf das Zinsabzugspotenzial eines Konzernunternehmens verringern und steht in Einklang mit dem Grundsatz, einem Konzern den Abzug eines seinem Nettozinsaufwand gegenüber Dritten entsprechenden Betrags zu gestatten. In beiden Fällen könnte ein Vortrag von ungenutztem Zinsabzugspotenzial einem Unternehmen, das bereits seine gesamten Nettozinsaufwendungen in Abzug gebracht hat, die Möglichkeit bieten, einen potenziell beträchtlichen Vortrag aufzubauen.

164. Wird der Vor- oder Rücktrag und die Nutzung von nicht abziehbaren Zinsaufwendungen und von ungenutztem Zinsabzugspotenzial in anderen Veranlagungszeiträumen gestattet, geht dies mit potenziellen Gewinnverkürzungs- und Gewinnverlagerungsrisiken einher. Dies gilt insbesondere für ungenutztes Zinsabzugspotenzial, bei dem ein langer oder unbefristeter Vortrag zu beträchtlichen Steuerforderungen führen könnte, die nur realisiert werden können, indem entweder der Nettozinsaufwand des Unternehmens erhöht oder das EBITDA in einem späteren Veranlagungszeitraum verringert wird, was beides durch eine Regel zur Bekämpfung der Gewinnverkürzung und Gewinnverlagerung nicht gefördert werden sollte. Ähnliche Bedenken bestehen in Bezug auf Rückträge nicht abziehbarer Zinsaufwendungen. Dagegen könnte ein langer oder unbefristeter Vortrag nicht abziehbarer Zinsaufwendungen ein Unternehmen dazu ermutigen, seine Zinsaufwendungen bis zum zulässigen Höchstbetrag zu erhöhen, wohl wissend, dass ein eventueller Mehrbetrag

gegenüber den in einem Jahr abzugsfähigen Zinsaufwendungen gegebenenfalls in späteren Veranlagungszeiträumen in Abzug gebracht werden kann. Dieses Risiko wird jedoch als geringer erachtet als die mit einem Rücktrag nicht abziehbarer Zinsaufwendungen und einem Vortrag von ungenutztem Zinsabzugspotenzial verbundenen Risiken, da letztere Bestimmungen bessere Möglichkeiten für eine unmittelbare Monetarisierung bieten.

165. Wenn Vor- oder Rückträge gestattet sind, kann ein Staat daher die Einführung zeitlicher und/oder wertmäßiger Begrenzungen in Erwägung ziehen. Besonders wichtig ist dies in Bezug auf Bestimmungen für den Vortrag von ungenutztem Zinsabzugspotenzial und den Rücktrag nicht abziehbarer Zinsaufwendungen, die mit größeren potenziellen Gewinnverkürzungs- und Gewinnverlagerungsrisiken einhergehen. Begrenzungen von Vor- und Rückträgen könnten folgende Punkte umfassen:

- Der Vortrag von nicht abziehbaren Zinsaufwendungen oder von ungenutztem Zinsabzugspotenzial bzw. der Rücktrag von nicht abziehbaren Zinsaufwendungen könnte zeitlich auf eine bestimmte Anzahl von Jahren begrenzt werden.
- Der Wert der Vorträge könnte im Zeitverlauf gesenkt werden (z.B. um 10% pro Jahr).
- Der Wert eines Vor- oder Rücktrags könnte auf einen bestimmten Festbetrag begrenzt werden.
- Der Vor- oder Rücktragsbetrag, der pro Jahr genutzt werden kann, könnte begrenzt werden (z.B. indem festgelegt wird, dass nicht mehr als 50% der laufenden Zinsaufwendungen mit dem ungenutzten Zinsabzugspotenzial aus vergangenen Jahren verrechnet werden können).
- Unter bestimmten Umständen sollten Vorträge entsprechend der bei Verlustvorträgen üblichen Praxis untergehen (z.B. wenn ein Unternehmen den Eigentümer wechselt oder sich die Art der Wirtschaftstätigkeit eines Unternehmens ändert).

166. Wenn ein Staat eine Festquotenregel in Kombination mit einer Konzernquotenregel anwendet, kann er für den Umgang mit nicht abziehbaren Zinsaufwendungen bei beiden Regeln ein und dieselbe Zinsvortragbestimmung anwenden. Alternativ dazu könnte ein Staat unterschiedliche Begrenzungen einführen, je nachdem ob der Zinsabzug nach der Festquotenregel oder nach der Konzernquotenregel versagt wird. Dieser Ansatz dürfte jedoch wesentlich schwerer anzuwenden und umzusetzen sein. Beispielsweise müssten Konzerne die Vorträge für die beiden Regeln möglicherweise separat handhaben. Zudem müsste der Staat die Frage klären, wie die nicht abziehbaren Zinsaufwendungen, die im Rahmen der beiden Regeln vorgetragen wurden, jeweils genutzt werden können (z.B. ob einer der beiden Zinsvorträge zuerst genutzt werden muss oder ob Zinsaufwendungen, die nach einer Regel nicht in Abzug gebracht werden können, nur mit dem ungenutzten Zinsabzugspotenzial im Rahmen derselben Regel verrechnet werden können).

167. Wenn ein Staat die Regeln zur Zinsabzugsbeschränkung auf die Position des Inlandskonzerns und nicht auf jedes Konzernunternehmen einzeln anwendet, sollte er auch prüfen, wie sich dies auf die Vor- oder Rücktragbestimmungen auswirkt (z.B. ob ein Konzernunternehmen die Möglichkeit haben sollte, Vorträge nicht abziehbarer Zinsaufwendungen zu nutzen, die aus einer Periode vor dem Konzernbeitritt des Unternehmens stammen).

Kapitel 9

Gezielte Regeln

Zweck gezielter Regeln

168. Als gezielte Regeln zur Zinsabzugsbeschränkung gelten alle Bestimmungen, mit denen der Zinsabzug für Zahlungen eingeschränkt wird, die im Rahmen bestimmter Geschäftsvorfälle oder Gestaltungen erfolgen. Diesen Regeln können allgemeine Regeln zur Zinsabzugsbeschränkung gegenüberstehen, wie z.B. die Festquotenregel und die Konzernquotenregel, die eine allgemeine Obergrenze für den Zinsabzug eines Unternehmens vorgeben. Eine Reihe von Staaten wendet gegenwärtig keine allgemeinen Regeln zur Zinsabzugsbeschränkung an und nutzt lediglich gezielte Regeln. Ein Vorteil eines solchen Ansatzes ist, dass er das Risiko negativer Auswirkungen einer Regel auf bereits ausreichend kapitalisierte Unternehmen verringert und Konzernen zudem keinen Anreiz bietet, die Höhe des Nettozinsaufwands ihrer inländischen Unternehmen auf das nach der Festquotenregel gestattete Niveau anzuheben. Die Nutzung gezielter Regeln gestattet es den Staaten darüber hinaus, auf spezifische Problembereiche einzugehen und dabei die Befolgungskosten für Unternehmen auf ein Mindestmaß zu begrenzen, insbesondere für solche, die keine Gewinnverkürzungen oder Gewinnverlagerungen vornehmen. Ein solcher Ansatz hat indessen auch Nachteile. Insbesondere setzt er voraus – insofern gezielte Regeln in gewissem Maße immer eine Reaktion auf einen bestimmten Sachverhalt darstellen –, dass die Staaten spezifische Risiken der Gewinnverkürzung und Gewinnverlagerung erkennen, sobald sie entstehen. Es besteht das Risiko, dass manche Konzerne alle Gestaltungen, die nicht durch gezielte Regeln erfasst sind, als zulässig betrachten, so dass im Lauf der Zeit neue gezielte Regeln erforderlich werden können. Gezielte Regeln müssen zudem aktiv angewendet werden, was bedeutet, dass die Steuerverwaltung in der Lage sein muss, Situationen zu erkennen, in denen eine Regel gelten könnte – oftmals im Rahmen eines komplexen Geschäftsvorfalls –, um dann unter Einbeziehung des Konzerns das korrekte Ergebnis zu ermitteln. Insgesamt kann ein Ansatz, der vollständig auf gezielten Regeln beruht, zu einer großen Zahl von Regeln führen, was die Komplexität erhöht und die Befolgungs- und Verwaltungskosten steigert. Wenn die Regeln nicht umfassend sind, werden sie wahrscheinlich nicht allen Risiken der Gewinnverkürzung und Gewinnverlagerung entgegenwirken. Demgegenüber dürfte ein Ansatz, bei dem eine allgemeine Regel durch gezielte Regeln in Schüsselbereichen ergänzt wird, den Staaten die Sicherheit bieten, dass den wichtigsten Risiken der Gewinnverkürzung und Gewinnverlagerung entgegengewirkt wird, und zugleich sicherstellen, dass Konzerne ihren realen Nettozinsaufwand gegenüber Dritten geltend machen können.

169. Der im vorliegenden Bericht erläuterte Best-Practice-Ansatz empfiehlt zwar allgemeine Regeln zur Zinsabzugsbeschränkung, es wird jedoch auch anerkannt, dass gezielte

Regeln ebenfalls eine effektive Lösung für manche Risiken der Gewinnverkürzung und Gewinnverlagerung bieten können. In diesem Kapitel wird eine Reihe spezifischer Risiken beschrieben, denen durch die Festquotenregel und die Konzernquotenregel möglicherweise nicht begegnet wird, so dass gezielte Regeln erforderlich sein könnten. Die Staaten können zudem weiterhin bestehende gezielte und allgemeine Regeln zur Zinsabzugsbeschränkung anwenden, wenn diese spezifischen Risiken entgegenwirken. So kann ein Staat beispielsweise zusätzlich zur Festquotenregel eine Unterkapitalisierungsvorschrift anwenden, die auf einer festgelegten Verschuldungsquote beruht, um den Zinsabzug im Falle eines überhöhten Fremdkapitalanteils zu versagen, womit ein Abzug von Zinsaufwendungen sogar dann versagt werden könnte, wenn ein Unternehmen den nach der Festquotenregel zulässigen Höchstbetrag für den Nettozinsaufwand nicht überschreitet.

170. Die Auswirkungen einer in Bezug auf eine Gestaltung geltenden gezielten Regel variieren je nach Art der betreffenden Gestaltung und dem Risiko, dem mit der Regel entgegengewirkt werden soll. In manchen Fällen kann es angemessen sein, dass eine Regel den Abzug einer im Rahmen eines Geschäftsvorfalls getätigten Bruttozinszahlung versagt. In anderen Fällen ist es möglicherweise angemessener, wenn die Regel für einen Teil der Zahlung oder für die Nettozinszahlungen nach Berücksichtigung der Erträge aus demselben Geschäftsvorfall gilt. Besteht das Ergebnis eines Geschäftsvorfalls darin, den Nettozinsaufwand gegenüber Dritten nach einer Konzernquotenregel zu erhöhen, kann die Wirkung einer Regel einfach darin bestehen, diese Erhöhung nicht zu berücksichtigen, ohne dass konkret ein Zinsabzug versagt wird.

Gezielte Regeln zur Verhinderung der Umgehung der allgemeinen Regeln

171. Ein Best-Practice-Ansatz sollte widerstandsfähig gegenüber Versuchen sein, den Effekt einer Regel zu umgehen. Eine Festquotenregel (und gegebenenfalls eine Konzernquotenregel) sollte daher durch gezielte Regeln flankiert werden, um Steuerplanungen von Konzernen entgegenzuwirken, mit denen ihre Auswirkungen verringert werden sollen. Um dies zu erreichen, wird den Staaten empfohlen, zusätzlich gezielte Regeln einzuführen, um folgenden Risiken entgegenzuwirken:

- Ein Unternehmen mit einem Nettozinsaufwand nimmt eine Gestaltung vor, um den Nettozinsaufwand zu verringern, der der Festquotenregel unterliegt (z.B. durch Umwandlung des Zinsaufwands in eine andere Art von abzugsfähiger Betriebsausgabe oder durch Umwandlung anderer steuerpflichtiger Einkünfte in eine Form, die Zinsen wirtschaftlich gleichzusetzen ist).
- Ein Unternehmen, das Teil eines Konzerns ist, trifft im Rahmen einer Gestaltung eine Vereinbarung mit einem nahestehenden Dritten oder einem fremden Dritten, um den Nettozinsaufwand gegenüber Dritten nach der Konzernquotenregel zu erhöhen (z.B. durch Leistung einer Zahlung an einen nahestehenden Dritten oder einen fremden Dritten im Rahmen einer strukturierten Gestaltung oder durch Umwandlung von Zinseinkünften in eine andere Form).
- Ein Konzern wird so umstrukturiert, dass eine Personenholdinggesellschaft an der Spitze der Struktur steht und zwei Konzerne geschaffen werden. Dies kann dazu dienen, die Anwendung einer Festquotenregel zu vermeiden (z.B. in einem Staat, in dem die Regel nicht für eigenständige Unternehmen gilt) oder den ursprünglichen Konzern für die Zwecke der Konzernquotenregel in zwei Teile aufzuspalten.

172. Den oben genannten Risiken kann durch Einzelvorschriften, spezifischen Bestimmungen im Rahmen der Festquotenregel und der Konzernquotenregel oder anderen Steuervorschrif-

ten (z.B. der allgemeinen Missbrauchsbekämpfungsregel eines Staates) entgegengewirkt werden. Diese Vorschriften sollten für alle Unternehmen gelten, die der Festquotenregel bzw. gegebenenfalls der Konzernquotenregel unterliegen. Die Begriffe „nahestehende Dritte" und „strukturierte Gestaltungen" werden nachstehend definiert.

Gezielte Regeln, um anderen Risiken der Gewinnverkürzung und Gewinnverlagerung entgegenzuwirken

173. Die Festquotenregel und die Konzernquotenregel, die im vorliegenden Bericht beschrieben sind, bieten eine wirksame Lösung, um dem Großteil der Gewinnverkürzungen und Gewinnverlagerungen im Zusammenhang mit Zinsen und Zinsen wirtschaftlich gleichzusetzenden Zahlungen entgegenzuwirken. Wie in Kapitel 3 dargelegt, kann ein Staat die Anwendung der Festquotenregel und der Konzernquotenregel in bestimmten Situationen indessen auf Unternehmen multinationaler Konzerne beschränken. Daher können gezielte Regeln erforderlich sein, um Risiken der Gewinnverkürzung und Gewinnverlagerung entgegenzuwirken, die von Unternehmen ausgehen, die den allgemeinen Regeln zur Zinsabzugsbeschränkung nicht unterliegen. Auch wenn die Festquotenregel und die Konzernquotenregel Anwendung finden, bleibt eine Reihe spezifischer Risiken der Gewinnverkürzung und Gewinnverlagerung bestehen. Daher wird empfohlen, dass die Staaten die Einführung von Regeln in Erwägung ziehen, um den nachfolgend aufgeführten Risiken zu begegnen:

- Ein Unternehmen, das ansonsten Nettozinsempfänger wäre, nimmt eine Gestaltung vor, die die Leistung von Zinszahlungen an ein Konzernunternehmen im Ausland oder einen nahestehenden Dritten beinhaltet, um die Höhe der steuerpflichtigen Zinseinkünfte im betreffenden Staat zu senken.
- Ein Unternehmen zahlt Zinsen für ein „künstliches Darlehen", bei dem keine neuen Finanzmittel durch das Unternehmen oder seinen Konzern aufgenommen werden.
- Ein Unternehmen leistet im Rahmen einer strukturierten Gestaltung eine Zinszahlung an einen fremden Dritten, beispielsweise im Rahmen einer Back-to-Back-Gestaltung.
- Ein Unternehmen leistet eine Zinszahlung an einen nahestehenden Dritten, die übermäßig hoch ist oder dazu genutzt wird, die Generierung steuerfreier Einkünfte zu finanzieren.
- Ein Unternehmen leistet eine Zinszahlung an einen nahestehenden Dritten, wobei die entsprechenden Zinseinkünfte nicht oder nur niedrig besteuert werden.

174. Regeln, mit denen den oben genannten Risiken begegnet werden soll, sollten idealerweise für alle Unternehmen gelten, unabhängig davon, ob sie auch der Festquotenregel und der Konzernquotenregel unterliegen. Allerdings sind solche Regeln besonders wichtig, wenn ein Unternehmen – wie in Kapitel 6 beschrieben – keiner Festquotenregel unterliegt.

Definition der Begriffe „nahestehende Dritte" und „strukturierte Gestaltungen"

175. Eine Reihe der oben aufgeführten spezifischen Risiken bezieht sich auf Geschäftsvorfälle mit bzw. Zahlungen an einen nahestehenden Dritten oder einen fremden Dritten im Rahmen einer strukturierten Gestaltung.

Nahestehende Dritte

176. Ein Unternehmen, das Teil eines Konzerns ist, kann auch mit natürlichen Personen oder Unternehmen verbunden sein, die nicht Teil des Konzerns sind, zu denen aber eine wesentliche Beziehung besteht. Im Sinne des vorliegenden Berichts gelten zwei Personen (einschließlich natürlicher Personen und Unternehmen) als verbunden bzw. nahestehend, wenn sie nicht demselben Konzern angehören, aber eine der folgenden Bedingungen erfüllen:

- Die erste Person hat eine Kapitalbeteiligung, die es ihr ermöglicht, einen beherrschenden Einfluss auf die zweite Person auszuüben, oder es gibt eine dritte Person, die Kapitalbeteiligungen hält, die es dieser Person ermöglichen, einen beherrschenden Einfluss über die beiden anderen Personen auszuüben.
- Die erste Person hat eine Kapitalbeteiligung in Höhe von mindestens 25% an der zweiten Person oder es gibt eine dritte Person, die eine Beteiligung von mindestens 25% an beiden Personen hält.
- Sie können als verbundene Unternehmen nach Artikel 9 betrachtet werden.

177. Eine Person gilt als Inhaber einer prozentualen Beteiligung am Kapital einer anderen Person, wenn besagte Person unmittelbar oder mittelbar – über eine Beteiligung am Kapital weiterer Personen – einen Prozentsatz der Stimmrechte der anderen Person oder des Werts der Kapitalbeteiligungen dieser Person hält.

178. Im Sinne dieser Definition nahestehender Dritter wird eine Person, die in Bezug auf den Besitz bzw. die Kontrolle von Stimmrechten oder Kapitalbeteiligungen mit einer anderen Person gemeinsam handelt, so behandelt, als besitze oder kontrolliere sie alle diese Stimmrechte und Eigenkapitalinstrumente.

179. Zwei Personen gelten in Bezug auf den Besitz bzw. die Kontrolle von Stimmrechten oder Kapitalbeteiligungen als gemeinsam handelnd, wenn sie eine der folgenden Bedingungen erfüllen:

- Sie gehören derselben Familie an.
- Die eine Person handelt in Bezug auf den Besitz oder die Kontrolle solcher Stimmrechte oder Kapitalbeteiligungen regelmäßig nach den Wünschen der anderen Person.
- Sie sind eine Vereinbarung eingegangen, die einen wesentlichen Effekt auf den Wert oder die Kontrolle solcher Rechte oder Beteiligungen hat.
- Sie haben beide dem Unternehmen proportional zu ihren Stimmrechten oder Kapitalbeteiligungen unmittelbar oder mittelbar Fremdkapital zugeführt.
- Der Besitz oder die Kontrolle solcher Rechte oder Beteiligungen wird von derselben Person oder Personengruppe verwaltet. In Bezug auf einen Steuerpflichtigen, bei dem es sich um einen Organismus für gemeinsame Anlagen in Wertpapieren handelt, und wenn der Fondsmanager in einer für die Steuerverwaltung zufriedenstellenden Weise anhand der Bedingungen des Anlagemandats und der Umstände, unter denen die Anlage getätigt wurde, nachweisen kann, dass zwei Fonds in Bezug auf die Anlage nicht gemeinsam gehandelt haben, gilt, dass die von diesen Fonds gehaltenen Anlagen nicht im Sinne dieses Teils der Bestimmungen über die Voraussetzungen für gemeinsames Handeln aggregiert werden sollten.

180. In diesem Sinne ist ein Organismus für gemeinsame Anlagen in Wertpapieren eine Gesellschaft, die sich in Streubesitz befindet, ein diversifiziertes Wertpapierportfolio hält und in dem Staat, in dem sie niedergelassen ist, Anlegerschutzregelungen unterliegt. Es

bleibt den Staaten überlassen, festzulegen, welche Arten von Gesellschaften diese Definition erfüllen. So können die Staaten beispielsweise bestimmte Arten von Organismen für gemeinsame Anlagen in Wertpapieren als in Streubesitz befindlich erachten, wenn ihre Aktien oder Anteile an einer Börse notiert sind oder vom Publikum leicht erworben oder veräußert werden können (d.h. wenn der Kauf oder Verkauf der Aktien oder Anteile nicht implizit oder explizit auf eine begrenzte Gruppe von Anlegern beschränkt ist). Ein Staat kann jedoch auch andere Kriterien anwenden, um zu ermitteln, ob sich ein Organismus für gemeinsame Anlagen in Wertpapieren in Streubesitz befindet.

Strukturierte Gestaltungen

181. Gezielte Regeln können auch dann gelten, wenn ein Unternehmen im Rahmen einer strukturierten Gestaltung eine Zinszahlung an einen fremden Dritten leistet. Eine strukturierte Gestaltung ist eine Gestaltung, bei der das Unternehmen, der Konzern, dem es angehört, und seine nahestehenden Dritten zusammen nicht die vollen Kosten der Zinszahlung tragen.

182. Ein Beispiel für eine strukturierte Gestaltung wäre eine „Back-to-Back"-Gestaltung, bei der ein Unternehmen eine Zinszahlung an einen fremden Dritten leistet und dieser fremde Dritte ebenfalls eine Zahlung an das betreffende Unternehmen, ein Mitglied des Konzerns, dem das Unternehmen angehört, oder einen dem Unternehmen nahestehenden Dritten leistet. Diese zweite Zahlung kann in einer anderen Form als Zinsen erfolgen.

Kapitel 10

Anwendung des Best-Practice-Ansatzes auf Bank- und Versicherungskonzerne

183. Bei der Entwicklung eines Best-Practice-Ansatzes zur Bekämpfung der Gewinnverkürzung und Gewinnverlagerung im Zusammenhang mit Zinsen müssen mehrere besondere Merkmale von Konzernen im Banken- und im Versicherungssektor berücksichtigt werden.

184. Ein wichtiger Punkt besteht darin, dass Zinsen im Bank- und im Versicherungsgeschäft eine andere Rolle spielen als in anderen Branchen. Bei Banken und Versicherungsgesellschaften ist das Halten von Finanzaktiva und -passiva ein integraler Bestandteil der Hauptgeschäftstätigkeit. Darüber hinaus unterliegen Unternehmen im Finanzsektor in den meisten Staaten strengen Vorschriften, die ihnen Beschränkungen im Hinblick auf ihre Kapitalstruktur auferlegen. Im Jahr 2011 wurde im Rahmen von Basel III ein Leverage-Ratio-Standard eingeführt, der darauf abzielt, den Verschuldungsgrad im Bankensektor zu begrenzen und so dazu beizutragen, Risiken, die in der Vergangenheit dem Finanzsystem und der Realwirtschaft Schaden zugefügt haben, zu mindern[1]. Die Solvency-II-Richtlinie führt ein ähnliches System für Versicherer in der Europäischen Union ein[2]. Es ist jedoch zu beachten, dass Bank- und Versicherungskonzerne zwar einer Aufsicht unterstehen, dass jedoch nicht für alle Unternehmen eines Konzerns die gleichen Verpflichtungen gelten und dass insbesondere die Behandlung von Zweigniederlassungen berücksichtigt werden muss.

185. In mehreren Studien wurde festgestellt, dass der Verschuldungsgrad von Banken trotz der aufsichtsrechtlichen Beschränkungen im Durchschnitt genauso stark von Unternehmensteuern beeinflusst wird wie der von Konzernen in anderen Sektoren. Der Einfluss der Steuern auf den Verschuldungsgrad verringert sich, wenn eine Bank unter Kapitalmangel leidet, in der Praxis verfügen viele Konzerne jedoch über einen Kapitalpuffer, der den aufsichtsrechtlichen Mindestbetrag übersteigt (Heckemeyer und de Mooij, 2013; Keen und de Mooij, 2012).

186. Gewinnverkürzungen und Gewinnverlagerungen durch Bank- und Versicherungskonzerne können verschiedene Formen annehmen. Dazu zählen: regulierte Unternehmen, die über mehr aufsichtsrechtliches Kapital (einschließlich einer Fremdkapitalkomponente) verfügen, als für die bestehende Geschäftstätigkeit erforderlich ist; die Umlenkung von aufsichtsrechtlichem Kapital und von innerhalb eines Konzerns aufgenommenem gewöhnlichem Fremdkapital durch zwischengeschaltete Unternehmen in Niedrigsteuerländer; die Geltendmachung überhöhter Zinsabzüge in Zweigniederlassungen, die für Aufsichtszwecke nicht separat mit Kapital ausgestattet werden müssen, und in nicht regulierten Konzernunternehmen; die Nutzung von abzugsfähigen Zinsaufwendungen zur Finanzierung von Vermögensgegenständen, die steuerbefreit sind oder einer steuerlichen

Vorzugsbehandlung unterliegen; die Nutzung von hybriden Finanzinstrumenten und hybriden Rechtsträgern.

187. Banken und Versicherungsgesellschaften verfügen üblicherweise über mehr aufsichtsrechtliches Kapital als vorgeschrieben ist, und es gibt wichtige wirtschaftliche Gründe für die Aufrechterhaltung dieser Kapitalpuffer (z.B. im Hinblick auf das Kreditrating und die Kapitalkosten). Eine Eigenkapitalausstattung, die das aufsichtsrechtlich vorgeschriebene Mindestniveau übersteigt, ermöglicht es einem Konzern, einen sich verändernden Kapitalbedarf zu decken, bietet jedoch auch Möglichkeiten für Gewinnverkürzung und Gewinnverlagerung.

188. Es ist aus mehreren Gründen unwahrscheinlich, dass diesen Gewinnverkürzungs- und Gewinnverlagerungsrisiken durch die Festquoten- und die Konzernquotenregel, die in diesem Bericht beschrieben sind, effektiv begegnet werden kann. Insbesondere sind Bank- und Versicherungskonzerne wichtige Fremdfinanzierungsquellen für Konzerne in anderen Sektoren, und als solche sind viele von ihnen eindeutig Nettokreditgeber. Das bedeutet, dass die wichtigsten operativen Unternehmen dieser Konzerne, ebenso wie die Konzerne insgesamt, häufig Nettozinserträge anstelle von Nettozinsaufwendungen ausweisen. Da die Festquotenregel und die Konzernquotenregel darauf abzielen, die Höhe der Nettozinsaufwendungen eines Unternehmens zu begrenzen, hätten diese Regeln keine Auswirkungen auf wichtige Unternehmen innerhalb von Bank- und Versicherungskonzernen. Darüber hinaus bedeutet die Tatsache, dass Zinseinkünfte ein wichtiger Teil der Einkünfte von Banken oder Versicherungsgesellschaften sind, dass das EBITDA keine angemessene Messgröße für die wirtschaftliche Aktivität eines in diesen Branchen tätigen Konzerns wäre. Und schließlich unterscheiden sich die Jahresabschlüsse von Bank- und Versicherungskonzernen normalerweise von den Konzernabschlüssen in anderen Sektoren, was insbesondere die Funktionsweise einer Konzernquotenregel beeinflussen könnte. Da es unwahrscheinlich ist, dass Gewinnverkürzungen und Gewinnverlagerungen im Banken- und im Versicherungssektor mit der Festquoten- und der Konzernquotenregel, die in diesem Bericht beschrieben sind, begegnet werden kann, können die Staaten in Erwägung ziehen, Unternehmen in Konzernen, die in diesen Sektoren tätig sind, vom Anwendungsbereich dieser Regeln auszuklammern, in welchem Fall sie gezielte Regeln zur Bekämpfung von Gewinnverkürzung und Gewinnverlagerung in diesen Branchen einführen sollten (wie nachstehend erörtert).

189. Nicht ausgeklammert werden sollten Treasury-Gesellschaften, konzerneigene Versicherungsgesellschaften oder sonstige nicht regulierte Unternehmen, die bankähnliche oder sonstige Finanzaktivitäten ausüben, die keinen aufsichtsrechtlichen Beschränkungen unterliegen, sowie Investmentvehikel, unabhängig davon, ob sie einer Aufsicht unterstehen oder nicht. Diese Unternehmen sollten den im Best-Practice-Ansatz enthaltenen Regeln unterliegen.

190. Es ist nicht beabsichtigt, dass im Banken- und im Versicherungssektor tätige Unternehmen oder regulierte Bank- oder Versicherungsunternehmen innerhalb von Nichtfinanzkonzernen beim Best-Practice-Ansatz zur Bekämpfung von Gewinnverkürzung und Gewinnverlagerung im Zusammenhang mit Zinsen ausgeklammert werden sollen. Um Gewinnverkürzungen und Gewinnverlagerungen von Konzernen in allen Sektoren zu bekämpfen, ist es vielmehr unerlässlich, dass der Best-Practice-Ansatz Regeln enthält, mit denen von unterschiedlichen Unternehmen ausgehenden Risiken begegnet werden kann. Deshalb werden weitere – 2016 abzuschließende – Arbeiten zur Identifizierung von Best-Practice-Regeln durchgeführt werden, um den potenziellen von Banken und Versicherungsgesellschaften ausgehenden Gewinnverkürzungs- und Gewinnverlagerungsrisiken unter

Berücksichtigung der besonderen Merkmale dieser Sektoren entgegenzuwirken. Dies umfasst Arbeiten zu regulierten Bank- und Versicherungsaktivitäten innerhalb von Nichtfinanzkonzernen (wie z.B. Konzernen, die im Verarbeitenden Gewerbe oder im Einzelhandel tätig sind). Insbesondere ist von entscheidender Bedeutung, dass keine der empfohlenen Regeln zur Zinsabzugsbeschränkung mit den Eigenkapitalvorschriften, die das Risiko künftiger Finanzkrisen reduzieren sollen, in Konflikt steht oder deren Wirksamkeit verringert. Wenn ein Staat die in diesem Bericht beschriebene Festquotenregel auf Unternehmen in Bank- und Versicherungskonzernen anwendet, sollte der Staat dennoch die spezifischen Best-Practice-Regeln anwenden, die konzipiert werden sollen, um den von diesen Sektoren ausgehenden Gewinnverkürzungs- und Gewinnverlagerungsrisiken entgegenzuwirken.

Anmerkungen

1. Basel III ist ein umfassendes Paket von Reformmaßnahmen, das von den Mitgliedern des Basler Ausschusses für Bankenaufsicht vereinbart wurde, um die Regulierung, die Aufsicht und das Risikomanagement des Bankensektors zu stärken (*www.bis.org/bcbs/index.htm?m=3%7C14*, Zugriff am 3. September 2015).
2. Richtlinie 2009/138/EG des Europäischen Parlaments und des Rates vom 25. November 2009 betreffend die Aufnahme und Ausübung der Versicherungs- und der Rückversicherungstätigkeit (Solvabilität II) [2009] ABl. L335/1.

Literaturverzeichnis

Heckemeyer, J. und R. de Mooij (2013), "Taxes and Corporate Debt: Are Banks any Different?", *IMF Working Paper*, No. 13/221, Internationaler Währungsfonds, Washington, DC.

Keen, M. und R. de Mooij (2012), "Debt, Taxes and Banks", *IMF Working Paper*, No. 12/48, Internationaler Währungsfonds, Washington, DC.

Kapitel 11

Umsetzung des Best-Practice-Ansatzes

Umsetzung und Koordination

191. Der vorliegende Bericht enthält Empfehlungen für einen Best-Practice-Ansatz zur Bekämpfung von Gewinnverkürzungen und Gewinnverlagerungen im Zusammenhang mit Zinsen. Wie in Kapitel 1 dargelegt wurde, kann ein Staat diesen Ansatz durch andere allgemeine oder gezielte Regeln zur Zinsabzugsbeschränkung ergänzen, sei es um Gewinnverkürzungs- oder Gewinnverlagerungsrisiken entgegenzuwirken, denen er sich gegenübersieht, oder um allgemeinere steuerpolitische Ziele zu erreichen.

192. Es werden weitere Arbeiten zu spezifischen Aspekten des Best-Practice-Ansatzes durchgeführt werden, z.B. um Orientierungshilfen zur genauen Funktionsweise der Konzernquotenregel zu erstellen. Ferner werden Arbeiten zur Gestaltung besonderer Regeln zur Bekämpfung von Gewinnverkürzung und Gewinnverlagerung im Banken- und im Versicherungssektor durchgeführt, die den spezifischen Problemen Rechnung tragen, denen sich in diesen Branchen tätige Konzerne gegenübersehen. Diese Arbeiten werden 2016 abgeschlossen werden.

193. Ausgestaltung und Inhalt des in diesem Bericht dargelegten Best-Practice-Ansatzes, einschließlich des Korridors für die Festlegung eines Festquotenreferenzwerts und der optionalen Ausnahmeregelung für Zinsen, die der Finanzierung bestimmter Projekte zum Nutzen der Allgemeinheit dienen, werden von den am BEPS-Projekt teilnehmenden Staaten spätestens Ende 2020 einer ersten Überprüfung unterzogen. Gegenstand dieser Überprüfung werden auch die Erfahrungen von Staaten sein, die mit dem Best-Practice-Ansatz in Einklang stehende Regeln eingeführt haben, sowie deren Auswirkungen auf das Verhalten von Konzernen. Untersucht werden ferner alle zusätzlich verfügbaren Daten, die zur Beurteilung der Wirksamkeit des vereinbarten Korridors beitragen könnten. Zu diesem Zweck werden die Staaten aufgefordert, Steuerdaten zu Nettozinsaufwand und EBITDA von Unternehmen und inländischen Konzernen im betreffenden Staat und, soweit verfügbar, auch von im betreffenden Staat tätigen multinationalen Konzernen zusammenzutragen. Im Anschluss an diese Überprüfung werden einige Elemente des Best-Practice-Ansatzes möglicherweise überarbeitet werden.

Übergangsregeln

194. Der in diesem Bericht dargelegte Best-Practice-Ansatz sollte Gewinnverkürzungen und Gewinnverlagerungen im Zusammenhang mit Zinsen entgegenwirken. Gleichzeitig wird aber anerkannt, dass jede Regel, die die steuerliche Abzugsfähigkeit der Zinsaufwendungen eines Unternehmens begrenzen soll, für einige Unternehmen mit bedeutenden Kosten verbunden sein könnte. Daher wird erwartet, dass ein Staat, der eine Festquoten-

regel und eine Konzernquotenregel einführt, den Unternehmen hinreichend Zeit gibt, um bestehende Finanzierungsgestaltungen vor Inkrafttreten der Regeln umstrukturieren zu können.

195. Ein Staat kann auch Übergangsregeln anwenden, die Zinszahlungen für bestimmte bestehende Darlehen für einen begrenzten Zeitraum oder auf unbestimmte Dauer vom Geltungsbereich der Regeln ausschließen. In diesem Fall wird empfohlen, diese Übergangsregeln vornehmlich auf Zinsen für von Dritten gewährte Darlehen zu beschränken, die vor Ankündigung der Regeln aufgenommen wurden. Zinszahlungen für Darlehen, die nach Ankündigung der neuen Regeln aufgenommen wurden, sollten nicht von Übergangsbestimmungen profitieren können. Alternativ dazu kann ein Staat auch ganz von der Anwendung von Übergangsregeln absehen.

Einzel- oder Gruppenbesteuerungssysteme

196. Die Staaten wenden derzeit Körperschaftsteuersysteme an, die verschiedene Formen der Gruppenbesteuerung oder der Einzelbesteuerung umfassen. Der in diesem Bericht beschriebene Best-Practice-Ansatz sollte mit allen Systemen kompatibel sein, auch wenn einzelne Bestimmungen im Rahmen dieses Best-Practice-Ansatzes in manchen Fällen angepasst werden müssen.

Staaten, die Einzelbesteuerungssysteme anwenden

197. Wenn ein Staat jedes Unternehmen innerhalb eines Konzerns gesondert besteuert, kann er die Festquotenregel und die Konzernquotenregel nach eigenem Ermessen auf eine der drei nachstehenden Weisen anwenden:

- Die Festquotenregel und die Konzernquotenregel können auf jedes Konzernunternehmen gesondert auf der Basis von dessen EBITDA angewandt werden.
- Der betreffende Staat kann Unternehmen innerhalb eines steuerlichen Konzerns bei der Anwendung der Festquotenregel und der Konzernquotenregel wie ein einziges Unternehmen behandeln. So würde der Festquotenreferenzwert beispielsweise auf das gesamte steuerliche EBITDA des steuerlichen Konzerns angewandt. Das Zinsabzugspotenzial würde dann innerhalb des steuerlichen Konzerns nach vom betreffenden Staat aufgestellten Regeln aufgeteilt, die auch beinhalten können, dass es einem Konzern gestattet ist, die Aufteilung des Zinsabzugspotenzials zwischen den verschiedenen Konzernunternehmen zu bestimmen. Um Missbrauch zu verhindern, können Transaktionen zwischen Unternehmen innerhalb eines steuerlichen Konzerns, die sich nicht gegenseitig ausgleichen, aus dem „Unternehmens-EBITDA" des steuerlichen Konzerns ausgeklammert werden. Bei dieser Option würden Unternehmen, die für Rechnungslegungszwecke, aber nicht für Steuerzwecke demselben Konzern angehören, weiterhin wie selbstständige Unternehmen behandelt, und sie würden die Festquotenregel und die Konzernquotenregel unabhängig voneinander anwenden.
- Der Staat kann alle Unternehmen auf seinem Hoheitsgebiet, die für Rechnungslegungszwecke demselben Konzern angehören, bei der Anwendung der Festquotenregel und der Konzernquotenregel wie ein einziges Unternehmen behandeln. Transaktionen innerhalb des nach der Rechnungslegungsdefinition abgegrenzten Konzerns, die sich nicht gegenseitig ausgleichen, können aus dem „Unternehmens-EBITDA" ausgeklammert werden, um Missbrauch zu verhindern. Diese Option kann für einen Staat besonders relevant sein, der über eine Konzernquotenregel verfügt, die sich auf Unternehmen innerhalb

eines Konzerns für Rechnungslegungszwecke bezieht. Da diese Option aber effektiv die Übertragung von Zinsabzugspotenzial zwischen Unternehmen ermöglichen könnte, die nicht demselben steuerlichen Konzern angehören, müsste der Staat untersuchen, ob dies steuerpolitische Bedenken aufwerfen könnte (z.B. Unvereinbarkeiten mit den bestehenden Verlustabtretungs-, Gewinnbeitrags- oder ähnlichen Regeln). Die Funktionsweise anderer Bestimmungen, wie Vor- und Rückträge, müsste untersucht werden, beispielsweise in Bezug darauf, ob ein Konzernunternehmen die Möglichkeit haben sollte, von Vorträgen zu profitieren, die aus einem Zeitraum vor seiner Zugehörigkeit zum nach der Rechnungslegungsdefinition abgegrenzten Konzern stammen.

Staaten, die Gruppenbesteuerungssysteme anwenden

198. Wenn ein Staat Konzernunternehmen auf Gruppen- bzw. konsolidierter Basis besteuert, kann er die Festquotenregel und die Konzernquotenregel nach eigenem Ermessen auf eine der nachstehenden Weisen anwenden:

- Der Staat kann Unternehmen innerhalb des konsolidierten steuerlichen Konzerns bei der Anwendung der Festquotenregel und der Konzernquotenregel wie ein einziges Unternehmen behandeln. So würde der Festquotenreferenzwert beispielsweise auf das gesamte steuerliche EBITDA des konsolidierten steuerlichen Konzerns angewandt, wobei der Betrag des Zinsabzugspotenzials zur Berechnung der abzugsfähigen Nettozinsaufwendungen für den konsolidierten steuerlichen Konzern als Ganzes angewandt würde. Bei dieser Option würden Unternehmen, die für Rechnungslegungszwecke demselben Konzern angehören, aber nicht für Steuerzwecke, weiterhin wie selbstständige Unternehmen behandelt, und sie würden die Festquotenregel und Konzernquotenregel unabhängig voneinander anwenden.
- Der Staat kann alle Unternehmen auf seinem Hoheitsgebiet, die für Rechnungslegungszwecke demselben Konzern angehören, bei der Anwendung der Festquotenregel und der Konzernquotenregel wie ein einziges Unternehmen behandeln. Transaktionen innerhalb des nach der Rechnungslegungsdefinition abgegrenzten Konzerns, die sich nicht gegenseitig ausgleichen, können aus dem „Unternehmens-EBITDA" ausgeklammert werden, um Missbrauch zu verhindern. Diese Option kann für einen Staat besonders relevant sein, der über eine Konzernquotenregel verfügt, die sich auf Unternehmen innerhalb eines Konzerns für Rechnungslegungszwecke bezieht. Da dies aber effektiv die Übertragung von Zinsabzugspotenzial zwischen einem konsolidierten steuerlichen Konzern und einem Unternehmen, das diesem Konzern nicht angehört, gestatten könnte, muss der Staat möglicherweise untersuchen, ob dies steuerpolitische Bedenken aufwirft. Die Funktionsweise anderer Bestimmungen, wie Vor- und Rückträge, müsste untersucht werden, beispielsweise in Bezug darauf, ob ein Konzernunternehmen die Möglichkeit haben sollte, von Vorträgen zu profitieren, die aus einem Zeitraum vor seiner Zugehörigkeit zu dem nach der Rechnungslegungsdefinition abgegrenzten Konzern stammen.

Wechselwirkungen des Best-Practice-Ansatzes mit Hybrid-Mismatch-Regeln gemäß Aktionspunkt 2

199. Wenn ein Staat eine Festquotenregel eingeführt hat, ist das von hybriden Gestaltungen ausgehende potenzielle Gewinnverkürzungs- und Gewinnverlagerungsrisiko geringer, da die Gesamthöhe der Nettozinsaufwendungen, die ein Unternehmen in Abzug bringen kann, begrenzt ist. Dieses Risiko ist damit aber nicht beseitigt. Innerhalb der von einer Festquotenregel gesetzten Grenzen könnte ein Unternehmen immer noch erheblichen

Spielraum haben, Zinsabzüge in Situationen geltend zu machen, in denen ein hybrides Finanzinstrument oder ein hybrider Rechtsträger eingesetzt werden, um einen doppelten Betriebsausgabenabzug oder einen Betriebsausgabenabzug bei Nichtberücksichtigung als Einnahme zu erzielen. Wenn eine Konzernquotenregel angewandt wird, besteht zudem ein Risiko, dass hybride Gestaltungen genutzt werden könnten, um den Nettozinsaufwand des Konzerns gegenüber Dritten zu erhöhen, woraus sich ein höherer Betrag an abzugsfähigen Nettozinsaufwendungen im gesamten Konzern ergeben würde. Um diesen Risiken zu begegnen, sollte ein Staat parallel zu dem in diesem Bericht beschriebenen Best-Practice-Ansatz alle unter Aktionspunkt 2 formulierten Empfehlungen umsetzen.

200. Regeln, mit denen hybriden Gestaltungen begegnet werden soll, sollten von einem Unternehmen vor der Fest- und der Konzernquotenregel angewandt werden, um den Gesamtnettozinsaufwand des Unternehmens zu ermitteln. Ist dieser Gesamtnettozinsaufwand einmal ermittelt, sollten die Festquotenregel und die Konzernquotenregel angewandt werden, um festzustellen, ob der Gesamtbetrag abgezogen werden kann bzw. in welchem Umfang der Abzug von Nettozinsaufwendungen versagt werden sollte.

201. Im OECD-Bericht *Neutralisierung der Effekte hybrider Gestaltungen* (OECD, 2014) wurde festgehalten, dass Regeln, die einen „fiktiven" Zinsabzug für Eigenkapital gewähren oder einen vergleichbaren Effekt haben, nicht im Rahmen von Aktionspunkt 2 untersucht würden, sondern entweder gesondert oder im Rahmen von Aktionspunkt 4 eingehender erörtert werden sollten. Wie in Kapitel 2 dargelegt, werden fiktive Abzüge, die berechnet werden, indem ein bestimmter Prozentsatz auf das Eigenkapital eines Unternehmens angewandt wird, für die Zwecke dieses Berichts nicht als Zinsaufwendungen oder als Zinsen wirtschaftlich gleichzusetzende Zahlungen behandelt. Diese Regeln sollten aber von der OECD separat weiter untersucht werden.

Wechselwirkungen des Best-Practice-Ansatzes mit Regeln zur Hinzurechnungsbesteuerung gemäß Aktionspunkt 3

202. Mit der Festquotenregel und der Konzernquotenregel sollte es möglich sein, Gewinnverkürzungen und Gewinnverlagerungen wirksam zu begegnen, die durch überhöhte Zinsabzüge oder zur Erzielung steuerfreier Erträge verwendete Zinsen herbeigeführt werden. Ein Staat kann zudem im Einklang mit den Empfehlungen von Aktionspunkt 3 (*Designing Effective Controlled Foreign Companies Rules*, OECD, 2015) Regeln zur Hinzurechnungsbesteuerung (CFC-Regeln) einführen, um Situationen zu begegnen, in denen ein Unternehmen eine Zinszahlung vornimmt, die nach der Festquotenregel und der Konzernquotenregel abzugsfähig ist, die Zahlung aber an eine beherrschte ausländische Gesellschaft erfolgt, die einer geringen Besteuerung unterliegt.

203. Wendet ein Staat parallel zu Regeln zur Zinsabzugsbeschränkung Vorschriften zur Hinzurechnungsbesteuerung an, können die Einkünfte beherrschter ausländischer Gesellschaften, die auf der Ebene der Muttergesellschaft besteuert werden, bei Anwendung der Festquotenregel und der Konzernquotenregel in die Berechnung des EBITDA der Muttergesellschaft einbezogen werden. Umfassen diese Einkünfte beherrschter ausländischer Gesellschaften Zinserträge oder Zinsaufwendungen, sollte der Staat in Erwägung ziehen, die betreffenden Zinszahlungen in die Berechnung des Nettozinsaufwands der Muttergesellschaft einzubeziehen und bei der Berechnung des EBITDA der Muttergesellschaft auszuklammern.

204. Der in diesem Bericht dargelegte Best-Practice-Ansatz sollte auch den Druck mindern, der auf den CFC-Regeln eines Staates lastet, indem Konzerne dazu angehalten werden, die Nettozinsaufwendungen so zwischen den Konzernunternehmen aufzuteilen, dass eine stärkere Verknüpfung mit der steuerpflichtigen wirtschaftlichen Tätigkeit gewährleistet ist. Dies dürfte das Niveau der Nettozinserträge verringern, die in beherrschten ausländischen

Gesellschaften anfallen, da die Konzerne die Höhe der konzerninternen Zinszahlungen wahrscheinlich reduzieren und Nettozinsaufwand und EBITDA innerhalb des Konzerns besser aufeinander abstimmen werden.

Wechselwirkungen des Best-Practice-Ansatzes mit anderen Regeln zur Begrenzung des Zinsabzugs

205. Wie in diesem Bericht dargelegt, kann ein Staat die Festquotenregel und die Konzernquotenregel zusammen mit gezielten Regeln anwenden, um spezifische Probleme der Gewinnverkürzung und Gewinnverlagerung anzugehen, einschließlich der in Kapitel 9 erörterten Risiken wie auch anderer vom betreffenden Staat identifizierter Risiken. Ein Staat kann auch andere allgemeine Regeln zur Zinsabzugsbeschränkung anwenden, wie Fremdvergleichsregeln, Regeln, die den Abzug eines bestimmten Prozentsatzes des gesamten Zinsaufwands eines Unternehmens versagen, sowie Unterkapitalisierungsvorschriften.

206. In den meisten Fällen sollten diese gezielten und allgemeinen Regeln zur Zinsabzugsbeschränkung vor der Festquoten- und der Konzernquotenregel angewandt werden. Allerdings wird die endgültige Entscheidung bezüglich der Reihenfolge, in der die Regeln zur Zinsabzugsbeschränkung anzuwenden sind, den Staaten unter Berücksichtigung der Gestaltung ihrer Regeln und der Risiken, denen sie begegnen sollen, überlassen.

Wechselwirkungen des Best-Practice-Ansatzes mit Quellensteuern

207. Die Quellenbesteuerung von Zinszahlungen wird in der Regel vorgeschrieben, um einem Quellenstaat Besteuerungsrechte über Einkünfte zuzuteilen, auch wenn anerkannt wird, dass ein Effekt der Quellensteuern darin bestehen kann, den Vorteil zu reduzieren, der Konzernen durch Gewinnverkürzungen und Gewinnverlagerungen im Zusammenhang mit Zinsen entsteht. Wenn ein Staat Quellensteuern auf Zinszahlungen erhebt, sollte dies in keiner Weise durch die Anwendung der in diesem Bericht beschriebenen Festquotenregel, Konzernquotenregel oder gezielten Regeln berührt werden. Wenn der Best-Practice-Ansatz die abzugsfähigen Nettozinsaufwendungen eines Unternehmens begrenzt und dies zu einer Zinsabzugsversagung führt, besteht nicht die Absicht, dass der Zinsaufwand, für den der Abzug versagt wird, für andere Zwecke neu qualifiziert werden sollte. Sofern eine Zinszahlung nach dem Steuerrecht eines Staats einer Quellenbesteuerung unterliegt, wäre dies also weiter der Fall. Wenn ein Staat nicht abziehbare Zinsaufwendungen derzeit neu qualifiziert, beispielsweise als Dividendenzahlung, kann er diese Behandlung weiter anwenden, dies ist aber nicht Bestandteil des in diesem Bericht dargelegten Best-Practice-Ansatzes.

208. Bezieht ein Unternehmen Zinsen, bei denen eine Quellensteuer in Abzug gebracht wurde, und gestattet der Staat des Empfängers eine Anrechnung dieser Steuer, muss das Unternehmen üblicherweise den Bruttobetrag der Zinseinkünfte versteuern, der einen der einbehaltenen Quellensteuer entsprechenden Betrag umfasst. Der Best-Practice-Ansatz ändert nichts an diesem Verfahren. Wenn ein Unternehmen also derzeit die Möglichkeit hat, eine auf seine Zinseinkünfte einbehaltene Quellensteuer anzurechnen, sollte sich dies nach der Einführung der Festquotenregel und der Konzernquotenregel nicht ändern.

Literaturverzeichnis

OECD (2015), *Designing Effective Controlled Foreign Company Rules, Action 3 – 2015 Final Report*, OECD/G20 Base Erosion and Profit Shifting Project, OECD Publishing, Paris, *http://dx.doi.org/10.1787/9789264241152-en*.

OECD (2014), *Neutralisierung der Effekte hybrider Gestaltungen*, OECD Publishing, Paris, Absatz 4, *http://dx.doi.org/10.1787/9789264241152-en*.

ANHANG A

EU-rechtliche Fragen

209. Dieser Anhang enthält eine kurze Beschreibung der EU-rechtlichen Fragen, die die Mitgliedstaaten bei der Umsetzung des in diesem Bericht erörterten Best-Practice-Ansatzes berücksichtigen sollten.

Grundfreiheiten des EU-Vertrags

210. Die EU-Grundfreiheiten, die im Kontext der Regeln zur Zinsabzugsbeschränkung berücksichtigt werden müssen, sind die Niederlassungsfreiheit und die Kapitalverkehrsfreiheit. Die Niederlassungsfreiheit gilt in Fällen, in denen der betreffende Anteilseigner in der Lage wäre, einen erheblichen Einfluss auf das Unternehmen auszuüben[1], während die Kapitalverkehrsfreiheit in Fällen gilt, in denen der Anteilseigner die Aktien in der alleinigen Absicht der Geldanlage erworben hat, ohne am Entscheidungsprozess des Unternehmens teilzunehmen. Außerdem muss die Dienstleistungsfreiheit, die sowohl aus der Sichtweise des Erbringers als auch aus der Sichtweise des Empfängers der Dienstleistung zu analysieren ist, möglicherweise ebenfalls berücksichtigt werden.

211. Der Geltungsbereich einer Regel zur Zinsabzugsbeschränkung entscheidet darüber, welche Grundfreiheit jeweils betroffen ist, und es gibt mehrere Ansätze, die die an dieser Arbeit beteiligten Länder erörtert haben, um eine Einschränkung der EU-Grundfreiheiten zu verhindern. In diesem Zusammenhang sollten auch die Umstände berücksichtigt werden, unter denen die EU-Mitgliedstaaten eine Einschränkung der EU-Grundfreiheiten rechtfertigen könnten, beispielsweise:

- im Fall der Notwendigkeit, die ausgewogene Aufteilung der Besteuerungsbefugnisse zwischen den EU-Mitgliedstaaten zu wahren;
- im Fall der Notwendigkeit, Steuervermeidung zu verhindern und künstliche Gestaltungen zu bekämpfen.

EU-Richtlinien

212. Es gibt zwei EU-Richtlinien, die für die Regeln zur Zinsabzugsbeschränkung innerhalb der Europäischen Union relevant sind: die Richtlinie über Mutter- und Tochtergesellschaften[2] und die Richtlinie über Zinsen und Lizenzgebühren[3]. Die Richtlinie über Mutter- und Tochtergesellschaften beseitigt grenzüberschreitende Quellensteuern auf Dividendenzahlungen einer Tochtergesellschaft an eine Muttergesellschaft, und sie beseitigt außerdem die Doppelbesteuerung solcher Einkünfte auf der Ebene der Muttergesellschaft. Die Richtlinie kann in Fällen relevant sein, in denen überhöhte Zinsen als Dividende umqualifiziert werden. In diesen Fällen sollten für die umqualifizierten Zinsen die in der Richtlinie über Mutter- und Tochtergesellschaften vorgesehenen Vergünstigungen gewährt werden.

213. Die Richtlinie über Zinsen und Lizenzgebühren sieht vor, dass Zahlungen von Zinsen und Lizenzgebühren, die in einem EU-Mitgliedstaat getätigt werden, von den auf derartige Zahlungen in diesem Staat durch Quellenbesteuerung oder Veranlagung erhobenen Steuern befreit sind. Die Versagung eines Steuerabzugs für überhöhte Zinsen könnte als Besteuerung von Zinsen betrachtet werden und deshalb in den Geltungsbereich der Richtlinie fallen. Der Gerichtshof der Europäischen Union hat jedoch klargestellt, dass die Richtlinie nur die Steuerposition des Zinsgläubigers betrifft[4]. Daraus scheint zu folgen, dass die steuerliche Abzugsfähigkeit von Zinsaufwendungen auf der Ebene des Schuldners somit eingeschränkt werden könnte.

EU-Beihilfevorschriften

214. Fragen bezüglich der EU-Vorschriften für staatliche Beihilfen können sich stellen, wenn Zinsabzugsregeln spezifische Ausnahmen für bestimmte Unternehmen oder Sektoren enthalten. Den einschlägigen Vertragsbestimmungen zufolge „sind staatliche oder aus staatlichen Mitteln gewährte Beihilfen gleich welcher Art, die durch die Begünstigung bestimmter Unternehmen oder Produktionszweige den Wettbewerb verfälschen oder zu verfälschen drohen, ... soweit sie den Handel zwischen Mitgliedstaaten beeinträchtigen“ mit dem Vertrag unvereinbar[5].

215. Die Europäische Kommission hat Leitlinien zu der Frage vorgelegt, wie sie die Bestimmungen über staatliche Beihilfen in Bezug auf die direkte Unternehmensbesteuerung anwenden wird[6]. Diesen Leitlinien zufolge wird eine Ausnahme von einer bestimmten Steuerregel, die nicht begründet ist, als staatliche Beihilfe betrachtet. Der EU-Vertrag bietet den EU-Mitgliedstaaten jedoch Möglichkeiten, Ausnahmen von den Bestimmungen über staatliche Beihilfen einzuführen, beispielsweise indem bestimmte Kategorien staatlicher Beihilfen als mit dem Vertrag vereinbar angesehen werden[7].

Anmerkungen

1. Der Gerichtshof der Europäischen Union hat bisher noch nicht klargestellt, was unter einem erheblichen Einfluss zu verstehen ist. In *Beker* (Rechtssache C-168/11) betonte das Gericht, dass eine Beteiligung unter 10% keinen erheblichen Einfluss begründet, und in *Itelcar* (Rechtssache C-282/12) und *Kronos* (Rechtssache C-47/12) verwies das Gericht darauf, dass eine Beteiligung über 10% nicht zwangsläufig bedeutet, dass der Inhaber einen erheblichen Einfluss ausübt. In diesem Zusammenhang sollte die Aufmerksamkeit auch auf andere Rechtsprechungen gerichtet werden, auf die in diesen Entscheidungen verwiesen wurde.
2. Richtlinie 2003/123/EG des Rates vom 22. Dezember 2003 zur Änderung der Richtlinie 90/435/EWG über das gemeinsame Steuersystem der Mutter- und Tochtergesellschaften verschiedener Mitgliedstaaten [2003] ABl. L007/41.
3. Richtlinie 2003/49/EG des Rates vom 3. Juni 2003 über eine gemeinsame Steuerregelung für Zahlungen von Zinsen und Lizenzgebühren zwischen verbundenen Unternehmen verschiedener Mitgliedstaaten [2003] ABl. L157/49.
4. *Scheuten Solar Technology* (Rechtssache C-397/09).
5. Art. 107 des Vertrags über die Arbeitsweise der Europäischen Union (AEUV).
6. Mitteilung der Kommission über die Anwendung der Vorschriften über staatliche Beihilfen auf Maßnahmen im Bereich der direkten Unternehmensbesteuerung [1998] ABl. C384/3.
7. Art. 107(3)(e) AEUV.

ANHANG B

Daten zu den von einem Festquotenreferenzwert betroffenen Unternehmen, nach Höhe dieses Werts

Tabelle B.1 **Berechnungen für multinationale und nicht multinationale Unternehmen, ohne Unternehmen mit negativem EBITDA, 2009-2013**

Prozentsatz der Unternehmen, die von einer Zinsabzugsbeschränkung betroffen sind

Maximal abzugsfähiger Nettozinsaufwand im Verhältnis zum EBITDA	2009		2010		2011		2012		2013	
	Nicht-MNU	MNU	Nicht-MNU	MNU	Nicht-MNU	MNU	Nicht-MNU	MNU	Nicht-MNU	MNU
5%	59%	56%	57%	51%	57%	52%	57%	54%	56%	53%
10%	47%	41%	44%	35%	44%	37%	45%	39%	43%	38%
15%	37%	30%	34%	25%	35%	27%	36%	29%	34%	29%
20%	29%	23%	27%	19%	28%	20%	29%	23%	28%	23%
25%	24%	18%	22%	14%	23%	16%	25%	18%	22%	18%
30%	20%	14%	17%	11%	19%	13%	20%	15%	19%	14%
35%	16%	12%	14%	9%	16%	11%	17%	12%	16%	12%
40%	13%	9%	12%	7%	13%	9%	14%	11%	13%	10%
45%	11%	8%	9%	6%	11%	7%	12%	9%	11%	8%
50%	9%	7%	8%	5%	9%	6%	11%	8%	10%	7%
55%	8%	6%	7%	4%	8%	5%	9%	7%	9%	6%
60%	7%	5%	6%	4%	7%	4%	8%	6%	7%	6%
65%	6%	5%	5%	3%	6%	4%	7%	5%	7%	5%
70%	6%	4%	5%	3%	5%	4%	6%	5%	6%	5%
75%	5%	4%	4%	3%	5%	3%	5%	5%	6%	4%
80%	5%	3%	4%	2%	5%	3%	5%	4%	5%	4%
85%	4%	3%	4%	2%	4%	3%	5%	4%	5%	4%
90%	4%	3%	3%	2%	4%	3%	4%	3%	5%	3%
95%	4%	3%	3%	2%	3%	2%	4%	3%	4%	3%
100%	3%	3%	3%	2%	3%	2%	4%	3%	4%	3%
Beobachtungen	6 472	10 911	6 675	11 372	6 631	11 165	6 547	11 015	6 523	10 908

Quelle: Berechnungen von PwC auf der Basis von Konzernabschlussdaten aus der GlobalVantage-Datenbank von Standard & Poor's.

Tabelle B.2 **Berechnungen für multinationale und nicht multinationale Unternehmen, ohne Unternehmen mit negativem EBITDA, Durchschnitt für 2009-2013**

Prozentsatz der Unternehmen, die von einer Zinsabzugsbeschränkung betroffen sind

Maximal abzugsfähiger Nettozinsaufwand im Verhältnis zum EBITDA	Durchschnitt für 2009-2013	
	Nicht-MNU	MNU
5%	57%	53%
10%	45%	38%
15%	35%	28%
20%	28%	22%
25%	23%	17%
30%	19%	13%
35%	16%	11%
40%	13%	9%
45%	11%	8%
50%	9%	7%
55%	8%	6%
60%	7%	5%
65%	6%	4%
70%	6%	4%
75%	5%	4%
80%	5%	3%
85%	4%	3%
90%	4%	3%
95%	4%	3%
100%	3%	3%

Quelle: Berechnungen des OECD-Sekretariats auf der Basis von Daten aus Tabelle B.1.

Tabelle B.3 **Berechnungen für multinationale und nicht multinationale Unternehmen, ohne Unternehmen mit negativem EBITDA, Durchschnitt für 2009-2013**

Prozentsatz der Unternehmen, die im Prinzip in der Lage wären, einen ihrem Nettozinsaufwand gegenüber Dritten entsprechenden Betrag abzuziehen

Maximal abzugsfähiger Nettozinsaufwand im Verhältnis zum EBITDA	Durchschnitt für 2009-2013	
	Nicht-MNU	MNU
5%	43%	47%
10%	55%	62%
15%	65%	72%
20%	72%	78%
25%	77%	83%
30%	81%	87%
35%	84%	89%
40%	87%	91%
45%	89%	92%
50%	91%	93%
55%	92%	94%
60%	93%	95%
65%	94%	96%
70%	94%	96%
75%	95%	96%
80%	95%	97%
85%	96%	97%
90%	96%	97%
95%	96%	97%
100%	97%	97%

Quelle: Berechnungen des OECD-Sekretariats auf der Basis von Daten aus Tabelle B.1.

Tabelle B.2 enthält die Unternehmen, die von einem bestimmten Festquotenwert betroffen sind. Tabelle B.3 enthält die Unternehmen, die im Prinzip nicht betroffen sind. Zusammengerechnet sollten die Zahlen in diesen Tabellen für einen bestimmten Festquotenwert 100% ergeben.
In Tabelle B.3 wird die Annahme zu Grunde gelegt, dass die Nettozinsaufwendungen im Einklang mit dem EBITDA über einen Konzern verteilt sind. In der Praxis kann es Hindernisse geben, die einen Konzern daran hindern, dies zu erreichen.

Tabelle B.4 **Berechnungen für multinationale Unternehmen mit hoher und niedriger Börsenkapitalisierung, ohne Unternehmen mit negativem EBITDA, 2009-2013**

Prozentsatz der multinationalen Unternehmen, die von einer Zinsabzugsbeschränkung betroffen sind

Maximal abzugsfähiger Nettozinsaufwand im Verhältnis zum EBITDA	2009		2010		2011		2012		2013	
	Hohe Kapitalisierung	Niedrige Kapitalisierung	Hohe Kapitalisierung	Niedrige Kapitalisierung	Hohe Kapitalisierung	Niedrige Kapitalisierung	Hohe Kapitalisierung	Niedrige Kapitalisierung	Hohe Kapitalisierung	Niedrige Kapitalisierung
5%	57%	56%	51%	51%	52%	48%	54%	53%	53%	54%
10%	42%	35%	36%	27%	37%	27%	40%	27%	39%	28%
15%	32%	20%	26%	15%	28%	15%	30%	16%	30%	17%
20%	24%	13%	20%	9%	21%	8%	24%	10%	24%	10%
25%	19%	8%	15%	5%	17%	5%	19%	6%	19%	7%
30%	15%	6%	12%	3%	14%	3%	16%	4%	15%	4%
35%	12%	4%	10%	2%	11%	2%	13%	2%	12%	3%
40%	10%	3%	8%	2%	9%	1%	11%	2%	10%	2%
45%	9%	3%	6%	1%	8%	1%	10%	1%	9%	1%
50%	7%	2%	5%	1%	7%	1%	8%	1%	8%	1%
55%	6%	2%	5%	0%	6%	0%	7%	1%	7%	1%
60%	6%	1%	4%	0%	5%	0%	6%	1%	6%	1%
65%	5%	1%	3%	0%	4%	0%	6%	1%	6%	1%
70%	4%	1%	3%	0%	4%	0%	5%	1%	5%	0%
75%	4%	1%	3%	0%	4%	0%	5%	0%	5%	0%
80%	4%	1%	3%	0%	3%	0%	4%	0%	4%	0%
85%	4%	0%	2%	0%	3%	0%	4%	0%	4%	0%
90%	3%	0%	2%	0%	3%	0%	4%	0%	4%	0%
95%	3%	0%	2%	0%	3%	0%	4%	0%	3%	0%
100%	3%	0%	2%	0%	3%	0%	3%	0%	3%	0%
Beobachtungen	8 745	872	9 453	1 018	9 765	949	9 794	1 050	9 635	1 157

Quelle: Berechnungen von PwC auf der Basis von Konzernabschlussdaten aus der GlobalVantage-Datenbank von Standard & Poor's.

ANHANG C

Konzern-Eigenkapital-Escape

216. Die auf einem Eigenkapitalvergleich basierende Escape-Klausel für Konzerne wird derzeit von einer Reihe von Ländern angewandt, darunter Deutschland und Finnland. Die folgende Beschreibung bezieht sich auf die von Deutschland angewandte Regel.

217. Nach diesem Ansatz wird die Festquotenregel, d.h. im deutschen Fall die Zinsschranke, nicht auf Unternehmen angewandt, die einem Konzern angehören, sofern das betreffende Konzernunternehmen nachweisen kann, dass seine an der Bilanzsumme gemessene Eigenkapitalquote gleich hoch (mit einer Toleranzspanne von 2 Prozentpunkten) oder höher ist als die entsprechende Quote seines Konzerns. Ist die Eigenkapitalquote des Konzernunternehmens niedriger als die des Gesamtkonzerns, unterliegt das Konzernunternehmen weiter der Festquotenregel. Nach diesem Ansatz kann ein Konzernunternehmen, das höher verschuldet ist als sein Konzern, nicht bis zur Höhe der Konzernquote Zinsaufwendungen in Abzug bringen.

218. Ein Konzern im Sinne des Eigenkapital-Escape besteht, wenn ein Unternehmen nach IFRS mit anderen Unternehmen konsolidiert werden kann oder wenn die Finanz- bzw. Geschäftspolitik des Unternehmens einheitlich mit anderen Unternehmen bestimmt werden kann. Ein Konzern besteht auch, wenn sich die Unternehmen im Besitz bzw. unter dem beherrschenden Einfluss einer natürlichen Person oder einer Personengesellschaft befinden.

219. Der für die Escape-Klausel durchgeführte Eigenkapitalvergleich sollte sich auf den geprüften nach IFRS erstellten Konzernabschluss stützen. Hiervon abweichend kann ein nach dem Handelsrecht eines EU-Mitgliedstaats oder nach US GAAP erstellter geprüfter Konzernabschluss verwendet werden, falls kein Konzernabschluss nach IFRS erstellt wird. Das Erfordernis der Vorlage eines geprüften Konzernabschlusses gilt auch dann, wenn sich der Konzern aus Unternehmen zusammensetzt, die von einer natürlichen Person oder einer Personengesellschaft beherrscht werden.

220. Der Jahres- oder Einzelabschluss des Konzernunternehmens sollte nach den gleichen Rechnungslegungsstandards erstellt werden wie der Konzernabschluss. Andernfalls muss eine Überleitungsrechnung vom Abschluss des Konzernunternehmens zu den vom Konzern verwendeten Rechnungslegungsstandards erstellt werden, was von einem Abschlussprüfer zu prüfen ist. Für die Zwecke der Bestimmung der Eigenkapitalquote des Konzernunternehmens müssen alle Vermögensgegenstände und Verbindlichkeiten nach der gleichen Methode bewertet werden wie im Konzernabschluss.

221. Daher muss der Eigenkapitalbetrag eines Konzernunternehmens auch zur Berücksichtigung folgender Größen angepasst werden:

- zur Erhöhung um einen im Konzernabschluss enthaltenen Firmenwert, soweit er auf den Betrieb entfällt;

- zur Korrektur der Wertansätze der Vermögensgegenstände und Schulden (Ausweis mit den im Konzernabschluss enthaltenen Werten);
- zur Kürzung um Eigenkapital, das keine Stimmrechte vermittelt (mit Ausnahme von Vorzugsaktien);
- zur Kürzung um Anteile an anderen Konzerngesellschaften.

222. Die Bilanzsumme eines Konzernunternehmens wird zur Berücksichtigung folgender Größen angepasst:

- zur Erhöhung um einen im Konzernabschluss enthaltenen Firmenwert, soweit er auf den Betrieb entfällt;
- zur Korrektur der Wertansätze der Vermögensgegenstände und Schulden (Ausweis mit den im Konzernabschluss enthaltenen Werten);
- zur Kürzung um Anteile an anderen Konzerngesellschaften;
- zur Kürzung um Kapitalforderungen, die nicht im Konzernabschluss erfasst sind, denen aber Verbindlichkeiten in mindestens gleicher Höhe gegenüberstehen.

223. Die in Deutschland geltenden Missbrauchsbekämpfungsvorschriften verlangen ferner, dass die Eigenkapital- und Bilanzsummenbeträge eines Konzernunternehmens bei der Anwendung der Escape-Klausel angepasst werden, um sie um Einlagen zu kürzen, die in den letzten sechs Monaten vor dem maßgeblichen Abschlussstichtag getätigt wurden, soweit ihnen Entnahmen oder Ausschüttungen während der ersten sechs Monate nach dem maßgeblichen Abschlussstichtag gegenüberstehen.

224. Selbst wenn die Anforderungen des Eigenkapital-Escape erfüllt sind, unterliegt ein Unternehmen, das einem Konzern angehört, weiterhin der Zinsschranke, solange es nicht nachweisen kann, dass die Zinszahlungen für von konzernexternen Anteilseignern gewährte Darlehen nahestehender Dritter (Gesellschafterfremdfinanzierung) 10% des Gesamtzinsaufwands des Konzerns nicht übersteigen. Ein Darlehen gilt als ein Darlehen nahestehender Dritter, wenn es von *a)* einem zu mehr als 25% (unmittelbar oder mittelbar) beteiligten Anteilseigner oder *b)* einer einem Anteilseigner nahestehenden Person oder *c)* einem Dritten gewährt wird, der auf einen zu mehr als 25% beteiligten Anteilseigner zurückgreifen kann.

ANHANG D

Beispiele

Beispiel 1 – Unterkapitalisierungsvorschrift auf der Grundlage eines festgelegten Verhältnisses zwischen Fremdkapital und Eigenkapital

225. Eine einfache Konzernstruktur umfasst zwei Gesellschaften: eine Muttergesellschaft und eine Tochtergesellschaft. Die Tochtergesellschaft ist in einem Staat ansässig, der eine Unterkapitalisierungsvorschrift auf der Grundlage eines festgelegten Verhältnisses zwischen Fremdkapital und Eigenkapital von 1,5:1 anwendet. In Jahr 1 beläuft sich die Gesamtverschuldung der Tochtergesellschaft gegenüber der Muttergesellschaft auf 750 Mio. US-$ und das Eigenkapital auf insgesamt 375 Mio. US-$[1]. Auf das konzerninterne Fremdkapital zahlt die Tochtergesellschaft Zinsen in Höhe von 2% bzw. 15 Mio. US-$. Da das Verhältnis Fremdkapital/Eigenkapital der Tochtergesellschaft mit 2:1 das festgelegte Referenzverhältnis von 1,5:1 übersteigt, wird der Tochtergesellschaft der Abzug von Zinsaufwendungen in Höhe von 3,75 Mio. US-$ versagt. Somit beläuft sich der Zinsabzug der Tochtergesellschaft insgesamt auf 11,25 Mio. US-$.

226. Um zu verhindern, dass erneut der Abzug von Zinsaufwendungen versagt wird, emittiert die Tochtergesellschaft in Jahr 2 zusätzliche Aktien im Wert von 125 Mio. US-$ für die Muttergesellschaft. Die Tochtergesellschaft nutzt die erhaltenen Mittel, um der Muttergesellschaft einen Kredit in Höhe von 125 Mio. US-$ zu gewähren. Es handelt sich um einen kurzfristigen Kredit, der mit 1% verzinst wird, und die Tochtergesellschaft erhält Zinseinnahmen in Höhe von 1,25 Mio. US-$. Das Verhältnis Fremdkapital/Eigenkapital der Tochtergesellschaft entspricht nun dem festgelegten Referenzverhältnis von 1,5:1, so dass der Tochtergesellschaft kein Zinsabzug versagt wird. Die Tochtergesellschaft bringt nun Nettozinsaufwendungen in Höhe von insgesamt 13,75 Mio. US-$ in Abzug.

227. In Jahr 3 emittiert die Tochtergesellschaft weitere 100 Mio. US-$ an Aktien für die Muttergesellschaft und gewährt dieser einen Kredit in Höhe von 150 Mio. US-$. Der neue Kredit wird mittelfristig vergeben und mit 2% verzinst. Die Tochtergesellschaft gewährt der Muttergesellschaft einen neuen kurzfristigen Kredit in Höhe von 250 Mio. US-$ zu einem Zinssatz von 1%. Das Verhältnis Fremdkapital/Eigenkapital der Tochtergesellschaft entspricht dem festgelegten Referenzverhältnis, so dass der Tochtergesellschaft kein Zinsabzug versagt wird. Die Tochtergesellschaft bringt nun Nettozinsaufwendungen in Höhe von 14,25 Mio. US-$ in Abzug.

228. In Jahr 4 wandelt die Tochtergesellschaft ihr bestehendes Fremdkapital schließlich in ein langfristiges Nachrangdarlehen zu einem fremdüblichen Zinssatz von 5% um. Das Verhältnis Fremdkapital/Eigenkapital der Tochtergesellschaft entspricht dem festgelegten Referenzverhältnis, so dass der Tochtergesellschaft kein Zinsabzug versagt wird. Die Tochtergesellschaft bringt nun Nettozinsaufwendungen in Höhe von insgesamt 27,75 Mio. US-$ in Abzug.

229. Zwischen Jahr 1 und Jahr 4 haben sich die von der Tochtergesellschaft in Abzug gebrachten Nettozinsaufwendungen von 11,25 Mio. US-$ auf 27,75 Mio. US-$ erhöht, ohne dass die eigentliche wirtschaftliche Tätigkeit zugenommen hätte. Zwischen Jahr 2 und Jahr 4 hat die Tochtergesellschaft die Unterkapitalisierungsvorschrift auf der Grundlage des festgelegten Verhältnisses zwischen Fremdkapital und Eigenkapital in vollem Umfang erfüllt.

230. Diese Art von Gestaltung könnte jedoch der allgemeinen Missbrauchsbekämpfungsregel eines Staates zuwiderlaufen.

Beispiel 2: Kombination des Best-Practice-Ansatzes mit anderen Regeln zur Zinsabzugsbeschränkung

231. Wie in Kapitel 1 erläutert, kann ein Staat andere Regeln zur Zinsabzugsbeschränkung neben den im vorliegenden Bericht empfohlenen anwenden, sei es um spezifischen Gewinnverkürzungs- oder Gewinnverlagerungsrisiken entgegenzuwirken oder um andere steuerpolitische Ziele zu erreichen. Dies ist lediglich ein Beispiel für die Art und Weise, wie ein Staat den Best-Practice-Ansatz in Kombination mit anderen Regeln anwenden kann, die Staaten können jedoch auch andere Ansätze verfolgen.

232. Im vorliegenden Beispiel beschließt Staat X, dass sich ein umfassender Ansatz zur Begrenzung der Zinsabzüge eines Unternehmens aus vier Elementen zusammensetzen sollte. Die ersten drei Elemente zielen auf die Verhinderung der Gewinnverkürzung und Gewinnverlagerung im Zusammenhang mit Zinsen ab. Mit der vierten Komponente sollen allgemeinere steuerpolitische Ziele erreicht werden:

1. Eine Festquotenregel, die die abzugsfähigen Nettozinsaufwendungen eines Unternehmens auf 20% des EBITDA beschränkt. Diese Regel gilt für alle Unternehmen, die Teil eines multinationalen Konzerns oder eines nationalen Konzerns sind. In diesem konkreten Fall wendet Staat X die Festquotenregel nicht auf eigenständige Unternehmen an (wenngleich ein Staat, wie in Kapitel 3 ausgeführt, auch beschließen kann, die Festquotenregel auf alle Unternehmen anzuwenden, einschließlich eigenständiger Unternehmen).
2. Eine Konzernquotenregel, die es einem Konzernunternehmen, das der Festquotenregel unterliegt, gestattet, Nettozinsaufwendungen bis zum Verhältnis Nettozinsaufwand gegenüber Dritten/EBITDA seines Konzerns in Abzug zu bringen, sofern dieses höher als 20% ist.
3. Gezielte Regeln, um spezifischen Risiken der Gewinnverkürzung und Gewinnverlagerung im Zusammenhang mit Zinsen entgegenzuwirken. Diese Regeln dienen dazu, Risiken der Gewinnverkürzung und Gewinnverlagerung im Zusammenhang mit Zinsen zu begegnen, die von eigenständigen Unternehmen ausgehen. Einige gezielte Regeln finden zudem Anwendung, um den Missbrauch der allgemeinen Regeln zur Zinsabzugsbeschränkung durch Unternehmen zu verhindern, die Teil eines multinationalen Konzerns oder eines nationalen Konzerns sind.
4. Eine Obergrenze für den Nettozinsaufwand aller Unternehmen (einschließlich aller Konzerneinheiten und eigenständigen Unternehmen) in Höhe von 30% des EBITDA. Diese zusätzliche Regel zielt nicht auf die Bekämpfung der Gewinnverkürzung und Gewinnverlagerung im Zusammenhang mit Zinsen ab, sondern dient der Verringerung der bestehenden steuerlichen Begünstigung der Fremdkapitalfinanzierung gegenüber der Eigenkapitalfinanzierung.

233. Dieser Ansatz wird in nachstehender Tabelle D.1 zusammengefasst.

Tabelle D.1 **Kombinationsmöglichkeiten des Best-Practice-Ansatzes mit anderen Regeln zur Zinsabzugsbeschränkung**

	Unternehmen in multinationalen Konzernen	Unternehmen in nationalen Konzernen	Eigenständige Unternehmen
Festquotenregel (20% des EBITDA)	✓	✓	–
Konzernquotenregel	✓	✓	–
Gezielte Regeln gegen spezifische Risiken	✓	✓	✓
Obergrenze für den abzugsfähigen Nettozinsaufwand (30% des EBITDA)	✓	✓	✓

234. Im Folgenden wird die Anwendung dieser Regeln durch Staat X auf fünf Beispielunternehmen dargestellt.

Tabelle D.2 **Anwendung des Best-Practice-Ansatzes und anderer Regeln zur Zinsabzugsbeschränkung**

	A Co US-$	B Co US-$	C Co US-$	D Co US-$	E Co US-$
EBITDA	100 Mio.	100 Mio.	100 Mio.	100 Mio.	100 Mio.
Nettozinsaufwand	(15 Mio.)	(28 Mio.)	(33 Mio.)	(30 Mio.)	(35 Mio.)
Verhältnis Nettozinsaufwand gegenüber Dritten/EBITDA des Konzerns	10%	25%	35%	n.a.	n.a.

235. A Co ist ein Unternehmen, das einem multinationalen Konzern angehört. A Co hat einen Nettozinsaufwand von 15 Mio. US-$ und ein EBITDA von 100 Mio. US-$. Da A Co eine Nettozinsaufwand/EBITDA-Quote von weniger als 20% aufweist, kann es seinen gesamten Nettozinsaufwand in Abzug bringen. Gezielte Regeln finden nicht Anwendung.

236. B Co ist ein Unternehmen, das einem multinationalen Konzern angehört. B Co hat einen Nettozinsaufwand von 28 Mio. US-$ und ein EBITDA von 100 Mio. US-$. Da B Co eine Nettozinsaufwand/EBITDA-Quote von über 20% aufweist, hätte die Anwendung der Festquotenregel zur Folge, dass die abzugsfähigen Nettozinsaufwendungen von B Co auf 20 Mio. US-$ beschränkt würden. Da B Co jedoch Teil eines Konzerns ist, der ein Verhältnis Nettozinsaufwand gegenüber Dritten/EBITDA von 25% aufweist, kann B Co die Konzernquotenregel anwenden und einen Nettozinsaufwand von 25 Mio. US-$ in Abzug bringen. Für Zinsaufwendungen in Höhe von 3 Mio. US-$ wird der Abzug versagt. Gezielte Regeln finden nicht Anwendung.

237. C Co ist ein Unternehmen, das einem nationalen Konzern angehört. C Co hat einen Nettozinsaufwand von 33 Mio. US-$ und ein EBITDA von 100 Mio. US-$. Da C Co eine Nettozinsaufwand/EBITDA-Quote von über 20% aufweist, hätte die Anwendung der Festquotenregel zur Folge, dass die abzugsfähigen Nettozinsaufwendungen von C Co auf 20 Mio. US-$ beschränkt würden. C Co ist jedoch Teil eines Konzerns, der ein Verhältnis Nettozinsaufwand gegenüber Dritten/EBITDA von 35% aufweist, und kann daher die Konzernquotenregel anwenden und einen höheren Nettozinsaufwand in Abzug bringen. Da die Konzernquote die Obergrenze für den abzugsfähigen Nettozinsaufwand übersteigt, ist der Zinsabzug von C Co auf 30% des EBITDA beschränkt. Daher kann C Co

einen Nettozinsaufwand von 30 Mio. US-$ in Abzug bringen. Für Zinsaufwendungen in Höhe von 3 Mio. US-$ wird der Abzug versagt. Gezielte Regeln finden nicht Anwendung.

238. D Co ist ein eigenständiges Unternehmen und gehört keinem Konzern an. D Co wird von einer natürlichen Person beherrscht, die 100% der Stammaktien am Unternehmen hält. D Co hat einen Nettozinsaufwand von 30 Mio. US-$ und ein EBITDA von 100 Mio. US-$. Dieser Nettozinsaufwand umfasst 5 Mio. US-$, die im Rahmen einer Gestaltung gezahlt werden, die zu einer Gewinnverkürzung und Gewinnverlagerung führt (z.B. ein „künstliches Darlehen", bei dem D Co keine neuen Finanzmittel aufnimmt). Da es sich bei D Co um ein eigenständiges Unternehmen handelt, unterliegt es nicht der Festquotenregel. Stattdessen unterliegt D Co gezielten Regeln, die den spezifischen Risiken der Gewinnverkürzung und Gewinnverlagerung entgegenwirken, die von eigenständigen Unternehmen ausgehen, sowie der Obergrenze für die abzugsfähigen Nettozinsaufwendungen in Höhe von 30% des EBITDA. Daher kann D Co 25 Mio. US-$ seines Nettozinsaufwands in Abzug bringen. Für 5 Mio. US-$ wird der Abzug versagt.

239. E Co ist ein eigenständiges Unternehmen und gehört keinem Konzern an. E Co hat einen Nettozinsaufwand gegenüber Dritten von 35 Mio. US-$ und ein EBITDA von 100 Mio. US-$. Da es sich bei E Co um ein eigenständiges Unternehmen handelt, unterliegt es nicht der Festquotenregel. Es unterliegt jedoch gezielten Regeln, die spezifischen Risiken der Gewinnverkürzung und Gewinnverlagerung entgegenwirken (auch wenn in diesem Fall keine davon Anwendung findet), sowie der Obergrenze für den abzugsfähigen Nettozinsaufwand in Höhe von 30% des EBITDA. Daher kann E Co 30 Mio. US-$ seines Nettozinsaufwands in Abzug bringen. Für Zinsaufwendungen in Höhe von 5 Mio. US-$ wird der Abzug versagt.

240. Bei der Einführung von Regeln zur Zinsabzugsbeschränkung oder einer Kombination von Regeln muss ein Staat möglicherweise andere gesetzliche oder verfassungsrechtliche Auflagen berücksichtigen. So sollten beispielsweise Staaten, die Mitgliedstaaten der Europäischen Union sind, den EU-rechtlichen Auflagen Rechnung tragen.

Beispiel 3: Zinsen und Zinsen wirtschaftlich gleichzusetzende Zahlungen

241. 2015 gehen A Co und seine Tochtergesellschaft B Co die folgenden Vereinbarungen ein:

1. A Co begibt Anleihen im Wert von 50 Mio. US-$ zu einem Festzinssatz von 5%.
2. A Co schließt mit einer konzernexternen Bank (der Bank) einen Zinsswap ab, in dessen Rahmen A Co auf einen nominalen Kapitalbetrag von 50 Mio. US-$ einen Festzins erhält und einen variablen Zinssatz zahlt.
3. B Co leiht sich von der Bank 10 Mio. US-$ zu einem variablen Zinssatz.
4. Der Bankkredit von B Co ist durch eine Bürgschaft von A Co abgesichert. Als Gegenleistung zahlt B Co eine Bürgschaftsgebühr an A Co.
5. B Co erhält zudem eine kurzfristige Kreditfazilität bei der Bank, in deren Rahmen B Co kurzfristig bis zu 500 000 US-$ für kurze Zeiträume aufnehmen kann. B Co zahlt für diese Fazilität eine Abschlussgebühr.
6. B Co schließt einen Finanzierungsleasingvertrag für neue Anlagen und Maschinen ab, die es in seiner Geschäftstätigkeit einsetzt; die im Rahmen dieses Leasingvertrags vorgesehenen Zahlungen enthalten eine Zinskomponente.
7. A Co schließt einen Operating-Leasingvertrag für neue Büroausstattungen ab.
8. B Co schließt einen Vertrag ab, in dessen Rahmen sich das Unternehmen verpflichtet, in den kommenden drei Jahren jährlich 10 Millionen Exemplare eines bestimm-

ten Produkts an einen Kunden zu liefern. Dieser Vertrag ist durch eine Erfüllungsgarantie von A Co abgesichert, für die B Co im Gegenzug eine Bürgschaftsgebühr an A Co zahlt.

9. B Co erwirbt eine Reihe von Aluminium-Terminkontrakten, um sich gegen Schwankungen des Preises von Aluminium abzusichern, das eine Schlüsselkomponente für die Herstellung des betreffenden Produkts darstellt.

10. A Co weist Dividenden in Höhe von 1 Mio. US-$ aus, die es an seine Stammaktionäre ausschüttet.

242. Bei den von A Co und B Co im Rahmen von 1, 2, 3, 4, 5 und 6 zu zahlenden Beträgen handelt es sich durchgehend um Zinsen auf Fremdkapital, Zinsen wirtschaftlich gleichzusetzende Zahlungen oder im Zusammenhang mit der Mittelbeschaffung anfallende Aufwendungen. Diese Zahlungen unterliegen daher der Festquotenregel und der Konzernquotenregel. Die unter 7, 8, 9 und 10 zu zahlenden Beträge fallen (in diesem konkreten Kontext) nicht in diese Kategorien und unterliegen nicht diesen Regeln.

Beispiel 4: Festquotenregel (Referenzwert für das Verhältnis Nettozinsaufwand/EBITDA von 15%)

Tabelle D.3 **Funktionsweise der Festquotenregel**

	Einzelbesteuerung		Gruppenbesteuerung	
	A1 Co US-$	A2 Co US-$	Summe US-$	A1 Co + A2 Co US-$
Steuerpflichtige Einkünfte (Verluste) vor Anwendung der Festquotenregel	70 Mio.	10 Mio.	80 Mio.	80 Mio.
+ Nettozinsaufwand	+ 10 Mio.	+ 50 Mio.	+ 60 Mio.	+ 60 Mio.
+ Abschreibungen	+ 20 Mio.	+ 40 Mio.	+ 60 Mio.	+ 60 Mio.
= steuerliches EBITDA	= 100 Mio.	= 100 Mio.	= 200 Mio.	= 200 Mio.
x Festquotenreferenzwert	x 15%	x 15%	–	x 15%
= maximal zulässiger Zinsabzug	= 15 Mio.	= 15 Mio.	–	= 30 Mio.
Nicht abzugsfähiger Zinsaufwand	0	35 Mio.	35 Mio.	30 Mio.

243. In Tabelle D.3 wird A1 Co und A2 Co der Abzug von Zinsaufwendungen in Höhe von insgesamt 30 Mio. US-$ versagt, wenn die Festquotenregel auf der Ebene des Inlandskonzerns angewandt wird (z.B. im Rahmen eines Gruppenbesteuerungssystems). Werden diese Unternehmen jedoch im Rahmen eines Einzelbesteuerungssystems einzeln besteuert, wird der Abzug von Zinsaufwendungen in Höhe von insgesamt 35 Mio. US-$ (die bei A2 Co anfallen) versagt. Grund dafür ist, dass A1 Co seinen maximal zulässigen Zinsabzugsbetrag nicht vollständig ausschöpft und unterstellt wird, dass es keine Regeln gibt, die die Übertragung von Zinsabzugspotenzial von A1 Co auf A2 Co gestatten. Das Beispiel veranschaulicht den potenziellen Vorteil der Anwendung der Regel auf der Ebene des Inlandskonzerns (auch wenn dies ebenfalls erreicht werden könnte, wenn es Regeln gäbe, die die Übertragung von Zinsabzugspotenzial innerhalb des Konzerns gestatten würden). Je nach der konkreten Situation der einzelnen Konzernunternehmen könnte sich die Anwendung der Regel auf Konzernebene aber auch nachteilig auswirken, wie im unten stehenden Beispiel dargestellt wird.

Tabelle D.4 **Effekt von Verlusten auf die Funktionsweise der Festquotenregel**

	Einzelbesteuerung		Gruppenbesteuerung	
	A3 Co US-$	A4 Co US-$	Summe US-$	A3 Co + A4 Co US-$
Steuerpflichtige Einkünfte/ (Verluste) vor Anwendung der Festquotenregel	100 Mio.	(150 Mio.)	(50 Mio.)	(50 Mio.)
+ Nettozinsaufwand	+ 20 Mio.	+ 20 Mio.	+ 40 Mio.	+ 40 Mio.
+ Abschreibungen	+ 30 Mio.	+ 30 Mio.	+ 60 Mio.	+ 60 Mio.
= steuerliches EBITDA	=150 Mio.	= (100 Mio.)	= 50 Mio.	= 50 Mio.
x Festquotenreferenzwert	x 15%	x 15%	–	x 15%
= maximal zulässiger Zinsabzug	= 22,5 Mio.	= 0	–	= 7,5 Mio.
Nicht abzugsfähiger Zinsaufwand	0	20 Mio.	20 Mio.	32,5 Mio.

244. Schreibt ein Konzernunternehmen Verluste und wird die Festquotenregel auf der Ebene des Inlandskonzerns angewandt, ist der Zinsaufwand, dessen Abzug versagt wird, insgesamt höher, als wenn die Regel auf der Ebene der einzelnen Konzernunternehmen angewandt worden wäre. In Tabelle D.4 beläuft sich der Zinsaufwand, dessen Abzug A3 Co und A4 Co insgesamt versagt wird, auf 32,5 Mio. US-$, wenn sie nach einem Gruppenbesteuerungssystems besteuert werden. Werden die Unternehmen jedoch im Rahmen eines Einzelbesteuerungssystems einzeln besteuert, wird der Abzug von Zinsaufwendungen in Höhe von insgesamt 20 Mio. US-$ (die bei A4 Co anfallen) versagt. Dies ist dadurch bedingt, dass der von A4 Co verzeichnete Verlust das Zinsabzugspotenzial von A3 Co in Teilen verringert.

Beispiel 5: Anwendung verschiedener Faktoren zur Festlegung eines Festquotenreferenzwerts innerhalb des Korridors

245. Wie in Kapitel 6 ausgeführt, wird empfohlen, dass sich ein Staat auf die dort aufgeführten Faktoren sowie andere relevante Faktoren stützen sollte, um seinen Festquotenreferenzwert innerhalb des empfohlenen Korridors von 10-30% festzulegen. Das vorliegende Beispiel veranschaulicht einige Möglichkeiten, wie dies erfolgen könnte, anhand von drei Staaten, die eine Festquotenregel einführen möchten: Staat A, Staat B und Staat C. Dies soll keine erschöpfende Liste möglicher Ansätze darstellen.

246. Staat A erwägt jeden der in Kapitel 6 genannten Faktoren:

1. Er beabsichtigt, die Festquotenregel zusammen mit einer Konzernquotenregel einzuführen.
2. Er beabsichtigt, den Unternehmen den Rücktrag von Zinsaufwand, dessen Abzug versagt wurde, für einen Zeitraum von drei Jahren zu gestatten.
3. Er verfügt über keine weiteren Steuerregeln, die den in Aktionspunkt 4 behandelten Risiken entgegenwirken.
4. Er weist verglichen mit anderen Staaten kein hohes Zinsniveau auf.
5. Es gibt keine gesetzliche oder verfassungsrechtliche Verpflichtung, verschiedene Arten von Unternehmen gleich zu behandeln.

6. Er hat nicht die Absicht, je nach der Größe des Konzerns, dem ein Unternehmen angehört, unterschiedliche Festquoten anzuwenden.

247. Darüber hinaus führt Staat A seine eigene Analyse durch und kommt zu dem Schluss, dass die auf seinem Hoheitsgebiet tätigen Konzerne im Allgemeinen ein niedriges Verhältnis Nettozinsaufwand gegenüber Dritten/EBITDA aufweisen. Staat A möchte zudem einen strikten Ansatz zur Bekämpfung von Gewinnverkürzung und Gewinnverlagerung im Zusammenhang mit Zinsen verfolgen.

248. Staat A stellt fest, dass die Faktoren 1-5 ebenso wie die zusätzlichen Faktoren für einen niedrigeren Festquotenreferenzwert sprechen, wohingegen kein Faktor für eine höhere Quote spricht. Daher kommt er zu dem Schluss, dass er seinen Festquotenreferenzwert am unteren Ende des Korridors, innerhalb des in Abbildung D.1 zur Veranschaulichung dargestellten Bereichs, ansiedeln sollte.

249. Staat B erwägt jeden der in Kapitel 6 genannten Faktoren:

1. Er beabsichtigt, die Festquote zusammen mit einer Konzernquotenregel einzuführen.
2. Er beabsichtigt, Unternehmen den Vortrag von ungenutztem Zinsabzugspotenzial uneingeschränkt zu gestatten.
3. Er verfügt über weitere Steuerregeln, die einer Reihe der unter Aktionspunkt 4 behandelten Risiken konkret entgegenwirken, jedoch nicht allen dieser Risiken.
4. Er hat im Vergleich zu anderen Staaten einen etwas höheren Zinssatz.
5. Es besteht eine gesetzliche Verpflichtung, auf Unternehmen in multinationalen Konzernen, Unternehmen in nationalen Konzernen und eigenständige Unternehmen denselben Festquotenwert anzuwenden.
6. Er beabsichtigt, einen Festquotenreferenzwert auf Unternehmen, die großen Konzernen angehören, und einen anderen Referenzwert auf andere Unternehmen anzuwenden.

250. Staat B berücksichtigt keine anderen Faktoren zusätzlich zu den oben aufgeführten.

251. Staat B stellt fest, dass zwei Faktoren (1 und 2) für einen niedrigeren Festquotenreferenzwert sprechen, wohingegen drei Faktoren (3-5) für einen höheren Festquotenreferenzwert sprechen. Staat B beschließt zudem, den Faktoren 3 und 4 geringeres Gewicht beizumessen, da *a)* einigen der unter Aktionspunkt 4 behandelten Risiken der Gewinnverkürzung und Gewinnverlagerung zwar mit anderen Steuerregeln entgegengewirkt wird, andere jedoch bestehen bleiben, und *b)* das Zinsniveau in Staat B im Vergleich zu anderen Staaten zwar etwas, aber nicht signifikant höher ist.

252. Daher kommt Staat B zu dem Schluss, dass er seinen Festquotenreferenzwert für die meisten Unternehmen nicht am oberen Ende des Korridors, sondern innerhalb des in Abbildung D.1 zur Veranschaulichung dargestellten Bereichs ansiedeln sollte. Außerdem beschließt Staat B in Anerkennung der Tatsache, dass große Konzerne in der Tendenz ein niedrigeres Verhältnis Nettozinsaufwand gegenüber Dritten/EBITDA aufweisen als andere Konzerne, auf Unternehmen, die großen Konzernen angehören, eine niedrigere Quote anzuwenden.

253. Staat C erwägt jeden der in Kapitel 6 genannten Faktoren:

1. Er beabsichtigt, die Festquote alleine, ohne Konzernquotenregel, einzuführen.
2. Er hat nicht die Absicht, Unternehmen den Vortrag von ungenutztem Zinsabzugspotenzial oder den Rücktrag nicht abzugsfähiger Zinsaufwendungen zu gestatten.
3. Er verfügt über weitere Regeln, die allen unter Aktionspunkt 4 behandelten Risiken entgegenwirken.

4. Er weist im Vergleich zu anderen Staaten ein hohes Zinsniveau auf.
5. Es besteht eine verfassungsrechtliche Verpflichtung, auf Unternehmen in multinationalen Konzernen, Unternehmen in nationalen Konzernen und eigenständige Unternehmen dieselbe Festquote anzuwenden.
6. Er hat nicht die Absicht, je nach der Größe des Konzerns, dem ein Unternehmen angehört, unterschiedliche Festquoten anzuwenden.

254. Zusätzlich verfolgt Staat C eine makroökonomische Politik, die darauf abzielt, eine nicht mit Gewinnverkürzung und Gewinnverlagerung verbundene externe Fremdkapitalaufnahme zu fördern, um die Investitionstätigkeit zu steigern.

255. Staat C stellt fest, dass die Faktoren 1-5 ebenso wie der zusätzliche Faktor für einen höheren Festquotenreferenzwert sprechen, wohingegen kein Faktor für eine niedrigere Quote spricht. Daher kommt er zu dem Schluss, dass er seinen Festquotenreferenzwert an einem beliebigen Punkt des Korridors zwischen 10% und 30% ansiedeln kann.

Abbildung D.1 **Anwendung verschiedener Faktoren zur Festlegung eines Festquotenreferenzwerts innerhalb des Korridors**

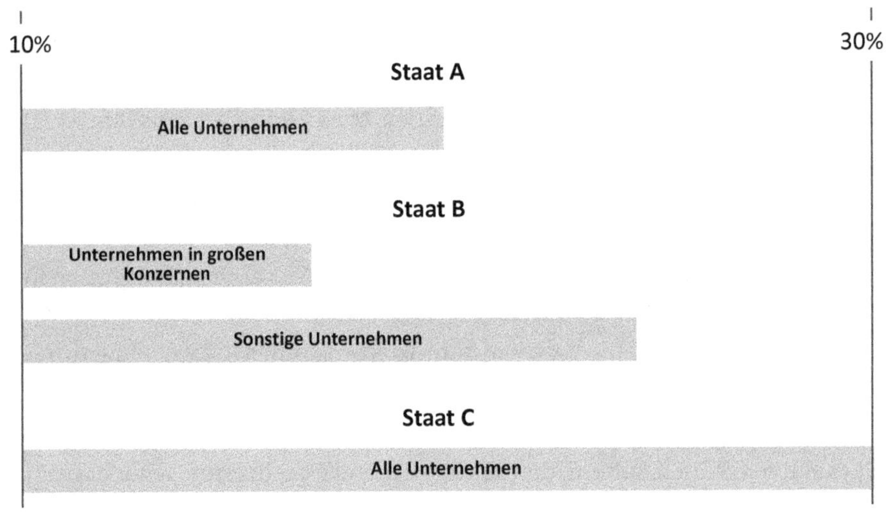

Beispiel 6: Funktionsweise einer Konzernquotenregel auf der Grundlage einer Verhältniszahl Nettozinsaufwand gegenüber Dritten/EBITDA

256. Die Beispiele 6a-6c unten veranschaulichen anhand einfacher Fälle, wie eine auf einer Verhältniszahl Nettozinsaufwand gegenüber Dritten/EBITDA basierende Konzernquotenregel es einem Konzernunternehmen, das den Festquotenreferenzwert überschreitet, ermöglichen könnte, höhere Zinsaufwendungen – bis zum entsprechenden Verhältnis Nettozinsaufwand gegenüber Dritten/EBITDA seines Konzerns – in Abzug zu bringen.

257. In diesen Beispielen ist A Co ein in Staat A ansässiges Unternehmen. Staat A wendet eine Festquotenregel wie in Kapitel 6 beschrieben mit einem Festquotenreferenzwert von 20% an. A Co ist Teil eines multinationalen Konzerns (Konzern). Der Nettozinsaufwand und das EBITDA von A Co und dem Konzern sind in Tabelle D.5 dargestellt.

Tabelle D.5 **Funktionsweise einer Konzernquotenregel auf der Grundlage einer Verhältniszahl Nettozinsaufwand gegenüber Dritten/EBITDA**

	Nettozinsaufwand US-$	EBITDA US-$
A Co	(10 Mio.)	30 Mio.
Konzern	(100 Mio.)	400 Mio.

Beispiel 6a – Staat A wendet lediglich eine Festquotenregel an

258. In diesem Beispiel wendet Staat A eine Festquotenregel mit einem Festquotenreferenzwert von 20% an. Staat A wendet keine Konzernquotenregel an.

259. Das Zinsabzugspotenzial von A Co wird berechnet, indem der Festquotenreferenzwert von 20% auf sein EBITDA von 30 Mio. US-$ angewandt wird. A Co hat daher ein Zinsabzugspotenzial von 6 Mio. US-$. Von seinem Gesamtnettozinsaufwand in Höhe von 10 Mio. US-$ können 6 Mio. US-$ in Abzug gebracht werden; für die übrigen 4 Mio. US-$ wird der Zinsabzug versagt.

Beispiel 6b – Staat A wendet eine Festquotenregel neben einer Konzernquotenregel an

260. In diesem Beispiel wendet Staat A eine Festquotenregel mit einem Festquotenreferenzwert von 20% und zusätzlich eine Konzernquotenregel auf der Grundlage einer Verhältniszahl Nettozinsaufwand gegenüber Dritten/EBITDA an. Im Rahmen der Konzernquotenregel nimmt Staat A keinen Aufschlag auf den Nettozinsaufwand des Konzerns gegenüber Dritten vor.

261. Nach der Festquotenregel wird das Zinsabzugspotenzial von A Co berechnet, indem der Festquotenreferenzwert von 20% auf sein EBITDA von 30 Mio. US-$ angewandt wird. A Co hat nach der Festquotenregel daher ein Zinsabzugspotenzial von 6 Mio. US-$.

262. Nach der Konzernquotenregel berechnet A Co zunächst das Verhältnis Nettozinsaufwand gegenüber Dritten/EBITDA seines Konzerns auf der Grundlage des Nettozinsaufwands des Konzerns gegenüber Dritten von 100 Mio. US-$ und des EBITDA des Konzerns von 400 Mio. US-$. Die Konzernquote beträgt demnach 25%. A Co wendet die Konzernquote auf sein EBITDA von 30 Mio. US-$ an. A Co hat nach der Konzernquotenregel daher ein Zinsabzugspotenzial von 7,5 Mio. US-$.

263. Das Zinsabzugspotenzial von A Co ist nach der Konzernquotenregel höher, so dass diese Regel Anwendung findet. Vom Gesamtnettozinsaufwand von A Co in Höhe von 10 Mio. US-$ können 7,5 Mio. US-$ in Abzug gebracht werden; für die übrigen 2,5 Mio. US-$ wird der Zinsabzug versagt.

Beispiel 6c – Staat A wendet eine Festquotenregel neben einer Konzernquotenregel an, mit einem Aufschlag auf den Nettozinsaufwand gegenüber Dritten in Höhe von 10%

264. In diesem Beispiel wendet Staat A eine Festquotenregel mit einem Festquotenreferenzwert von 20% und zusätzlich eine Konzernquotenregel auf der Grundlage einer Verhältniszahl Nettozinsaufwand gegenüber Dritten/EBITDA an. Im Rahmen der Konzernquotenregel wendet Staat A einen Aufschlag auf den Nettozinsaufwand des Konzerns gegenüber Dritten in Höhe von 10% an.

265. Nach der Festquotenregel wird das Zinsabzugspotenzial von A Co berechnet, indem der Festquotenreferenzwert von 20% auf sein EBITDA von 30 Mio. US-$ angewandt wird. A Co hat nach der Festquotenregel daher ein Zinsabzugspotenzial von 6 Mio. US-$.

266. Nach der Konzernquotenregel errechnet A Co zunächst das Verhältnis Nettozinsaufwand gegenüber Dritten/EBITDA seines Konzerns. Dies erfolgt auf der Grundlage des angepassten Nettozinsaufwands des Konzerns gegenüber Dritten von 110 Mio. US-$ (nach Anwendung des Aufschlags in Höhe von 10% auf den tatsächlichen Nettozinsaufwand gegenüber Dritten von 100 Mio. US-$) und des EBITDA des Konzerns von 400 Mio. US-$. Die Konzernquote beträgt demnach 27,5%. A Co wendet die Konzernquote auf sein EBITDA von 30 Mio. US-$ an. A Co hat nach der Konzernquotenregel daher ein Zinsabzugspotenzial von 8,25 Mio. US-$.

267. Das Zinsabzugspotenzial von A Co ist nach der Konzernquotenregel höher, so dass diese Regel Anwendung findet. Vom Gesamtnettozinsaufwand von A Co in Höhe von 10 Mio. US-$ können 8,25 Mio. US-$ in Abzug gebracht werden; für die übrigen 1,75 Mio. US-$ wird der Zinsabzug versagt.

Beispiel 7: Konzerndefinition nach einer Konzernquotenregel

268. Die Beispiele 7a-7e unten zeigen anhand unterschiedlicher Sachverhalte, wie ein Konzern zum Zweck der Anwendung einer Konzernquotenregel bestimmt wird.

Beispiel 7a – Unternehmen im Besitz einer natürlichen Person

269. In Abbildung D.2 ist eine natürliche Person Eigentümer der Mehrheit des Aktienkapitals zweier Unternehmen, A Co und B Co, die jeweils eine Reihe von Tochtergesellschaften haben. A Co und B Co sind jeweils die Obergesellschaften ihrer Holding-Struktur

Abbildung D.2 **Unternehmen im Besitz einer natürlichen Person**

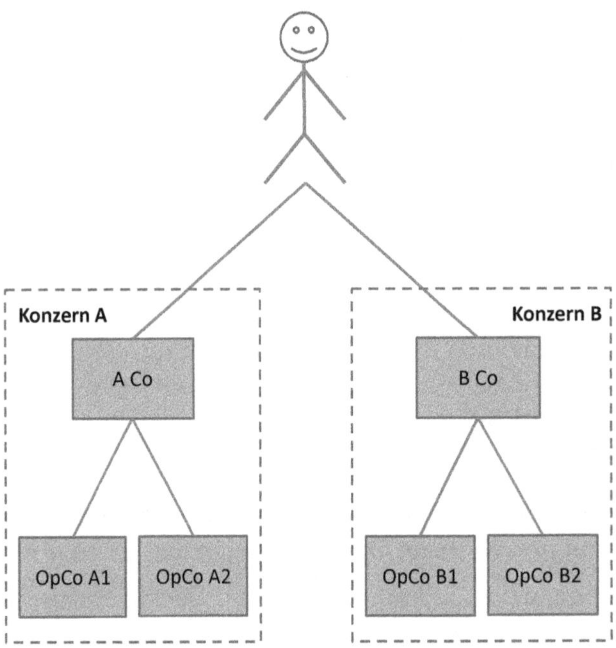

(d.h. sie werden von keinem Unternehmen beherrscht). Eine natürliche Person kann nicht Muttergesellschaft eines Konzerns sein. Daher bestehen für die Zwecke der Anwendung der Konzernquotenregel zwei Konzerne. Konzern A umfasst A Co und alle Unternehmen, die im Konzernabschluss von A Co konsolidiert sind, während Konzern B B Co und alle im Konzernabschluss von B Co konsolidierten Unternehmen umfasst.

270. Bei der Anwendung einer Konzernquotenregel muss zudem ermittelt werden, welche natürlichen Personen und Unternehmen einem Konzern nahestehen, da dies für die

Berechnung des Nettozinsaufwands des Konzerns gegenüber Dritten relevant sein könnte. Im vorliegenden Beispiel steht Konzern A der natürlichen Person sowie den Konzern B angehörenden Unternehmen nahe. Ebenso steht Konzern B der natürlichen Person und den Konzern A angehörenden Unternehmen nahe.

Beispiel 7b – Unternehmen im Besitz einer Personengesellschaft mit beschränkter Haftung

271. Nichtkapitalgesellschaften wie Personengesellschaften mit beschränkter Haftung können nicht die Muttergesellschaft eines Konzerns im Sinne der Konzernquotenregel sein. Eine über eine solche Struktur gehaltene Unternehmensgruppe kann zwar als Konzern behandelt werden, die Personengesellschaft mit begrenzter Haftung, etwaige Fonds, die von der Personengesellschaft mit begrenzter Haftung zum Halten von Kapitalanlagen errichtet wurden, oder andere im Rahmen der Struktur gehaltene Unternehmensgruppen sind jedoch nicht Teil dieses Konzerns. Dies wird in Abbildung D.3 veranschaulicht, wo Konzern A, Konzern B und Konzern C bei der Anwendung der Konzernquotenregel als eigenständige Konzerne behandelt werden. Die Personengesellschaft mit begrenzter Haftung, die Sonderfonds und die Treasury-Gesellschaft sind in diesem Sinne jedoch nicht Teil eines der Konzerne.

272. Die Personengesellschaft mit beschränkter Haftung, die Sonderfonds und die Treasury-Gesellschaft zählen zwar nicht zu einem Konzern im Sinne der Konzernquotenregel, sie werden jedoch als Konzern A, Konzern B und Konzern C jeweils nahestehend behandelt. Ebenso werden die Unternehmen, die den drei Konzernen angehören, als einander nahestehend behandelt (so dass die Unternehmen, die Konzern A angehören, den Unternehmen, die Konzern B und Konzern C angehören, nahestehen usw.).

Abbildung D.3 **Unternehmen im Besitz einer Personengesellschaft mit beschränkter Haftung**

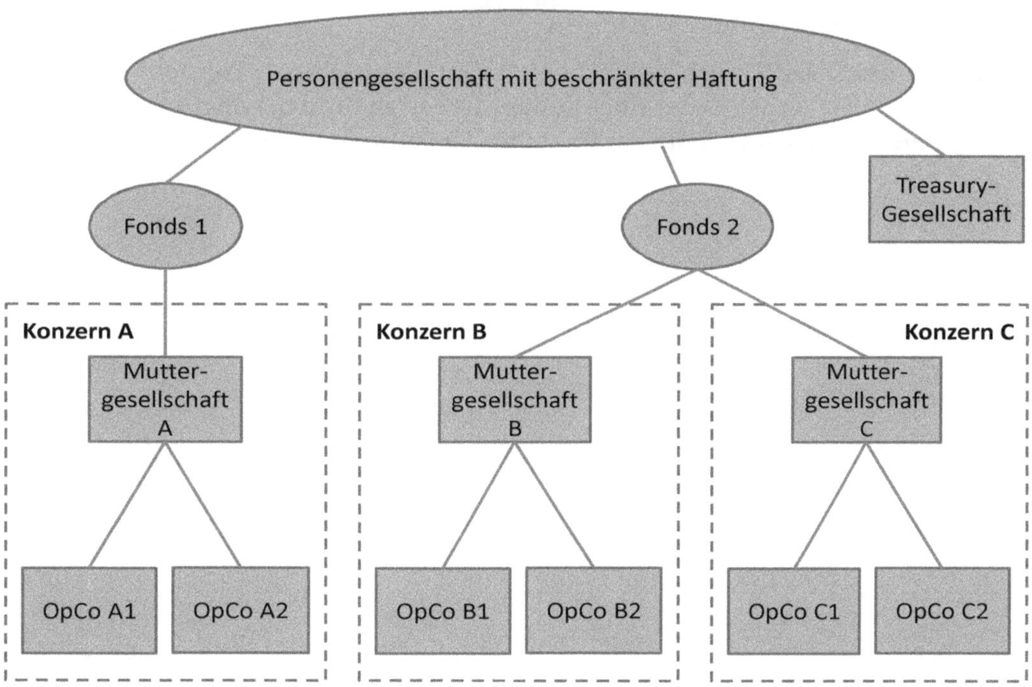

Beispiel 7c – Gemeinschaftsunternehmen, das von einem der investierenden Konzerne beherrscht wird

Abbildung D.4 **Gemeinschaftsunternehmen, das von einem der investierenden Konzerne beherrscht wird**

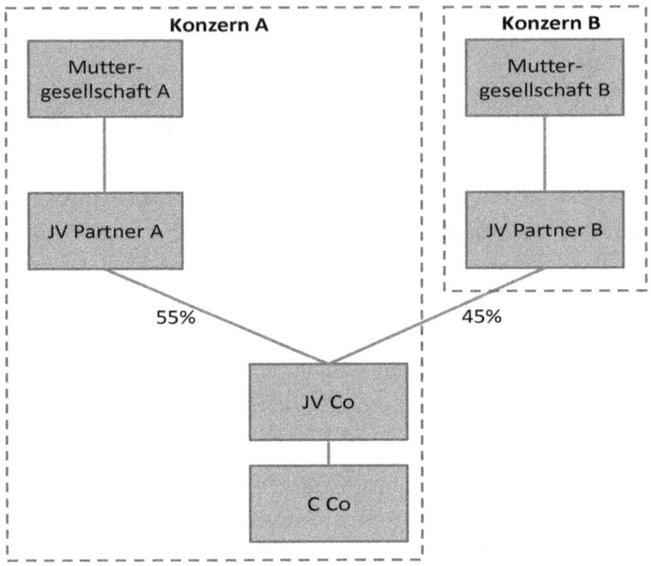

273. Wird ein Gemeinschaftsunternehmen von einem der an diesem Joint Venture beteiligten Partner beherrscht, so wird das Gemeinschaftsunternehmen im Allgemeinen in den Konzernabschluss des beherrschenden Konzerns aufgenommen. Für die Zwecke der Anwendung einer Konzernquotenregel ist es daher Teil dieses Konzerns. Dies ist in Abbildung D.4 dargestellt, wo JV Partner A eine 55%ige Beteiligung an JV Co hält. In diesem Fall sind JV Co und seine Tochtergesellschaften für die Zwecke der Anwendung der Konzernquotenregel Teil von Konzern A.

274. JV Partner B und JV Co gehören nicht demselben Konzern an. JV Partner B ist jedoch zu über 25% am Kapital von JV Co beteiligt, so dass die beiden Unternehmen als nahestehende Dritte gelten (gemäß der Definition nahestehender Dritter in Kapitel 9).

Beispiel 7d – Gemeinschaftsunternehmen, das von keinem der investierenden Konzerne beherrscht wird

Abbildung D.5 **Gemeinschaftsunternehmen, das von keinem der investierenden Konzerne beherrscht wird**

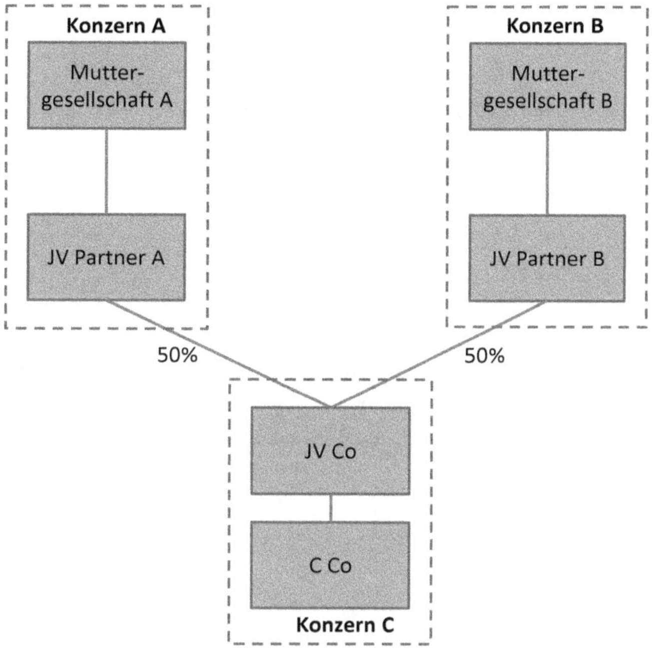

275. Wird ein Gemeinschaftsunternehmen von keinem der Investoren beherrscht, bezieht normalerweise jeder investierende Konzern das Gemeinschaftsunternehmen nach der Equity-Methode in seinen Konzernabschluss ein. Eine Konsolidierung des Gemeinschaftsunternehmens im Abschluss des einen oder des anderen Konzerns erfolgt nicht, und das Unternehmen gilt nicht als Teil dieser Konzerne im Sinne einer Konzernquotenregel. Dies ist in Abbildung D.5 dargestellt, wo JV Partner A und JV Partner B jeweils 50% des Kapitals von JV Co halten und keine anderen Vereinbarungen bestehen, die einem der Investoren einen beherrschenden Einfluss sichern würden. JV Co und seine Tochtergesellschaft sind weder Teil von Konzern A noch von Konzern B. Vielmehr bilden JV Co und seine Tochtergesellschaft einen eigenständigen Konzern (Konzern C). JV Co steht jedoch sowohl JV Partner A als auch JV Partner B nahe.

Beispiel 7e – Holdingstruktur, an deren Spitze ein Investmentunternehmen steht

Abbildung D.6 **Holdingstruktur, an deren Spitze ein Investmentunternehmen steht**

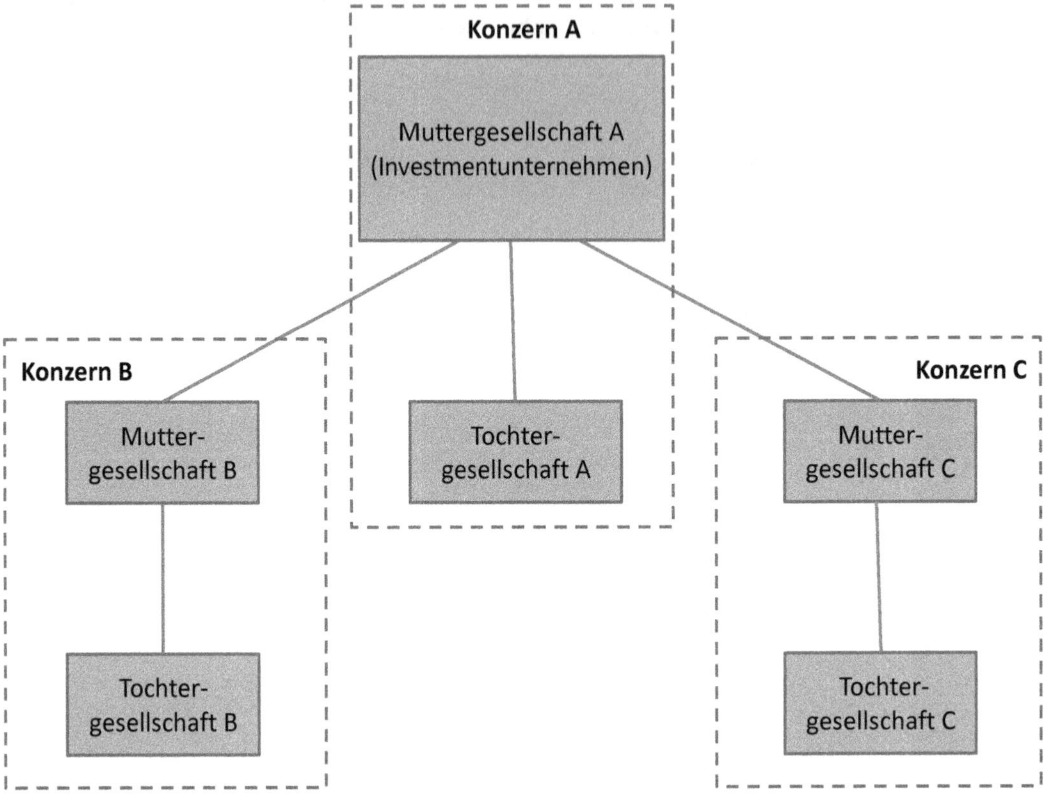

276. In Abbildung D.6 ist Muttergesellschaft A eine Gesellschaft, bei der es sich um ein Investmentunternehmen handelt, das drei Unternehmen unmittelbar beherrscht. Muttergesellschaft A ist die Obergesellschaft in dieser Struktur.

277. Tochtergesellschaft A erbringt Dienstleistungen im Zusammenhang mit der Investitionstätigkeit von Muttergesellschaft A und wird im Konzernabschluss von Muttergesellschaft A konsolidiert.

278. Muttergesellschaft B und Muttergesellschaft C werden von Muttergesellschaft A zur Erzielung von Kapitalwertsteigerungen und Kapitalerträgen gehalten. Daher werden sie im Konzernabschluss von Konzern A als Kapitalanlage behandelt und zum Zeitwert ausgewiesen.

279. Muttergesellschaft A und Tochtergesellschaft A bilden für die Zwecke der Anwendung der Konzernquotenregel einen Konzern (Konzern A). Muttergesellschaft B und Muttergesellschaft C sind nicht Teil von Konzern A. Vielmehr bildet jedes dieser Unternehmen mit seiner jeweiligen Tochtergesellschaft einen eigenständigen Konzern (Konzern B und Konzern C).

Beispiel 8: Anwendung der Konzernquote auf das steuerliche EBITDA oder das bilanzielle EBITDA einer Konzerneinheit

280. Wie in Kapitel 7 ausgeführt, kann das EBITDA einer Konzerneinheit bei der Anwendung einer Konzernquotenregel nach Steuer- oder nach Rechnungslegungsgrundsätzen berechnet werden. Jeder dieser Ansätze hat Vor- und Nachteile, die in den nachstehenden Beispielen 8a-8c auf der Grundlage des folgenden Szenarios betrachtet werden.

Tabelle D.6 **Anwendung einer Konzernquote auf das steuerliche EBITDA oder das bilanzielle EBITDA eines Konzernunternehmens**

	Rechnungslegung		Steuer	
	Nettozinsaufwand US-$	EBITDA US-$	Nettozinsaufwand US-$	EBITDA US-$
Konzern	(100 Mio.)	1 Mrd.	n.a.	n.a.
A Co	(20 Mio.)	100 Mio.	(18 Mio.)	80 Mio.

Verhältnis Nettozinsaufwand gegenüber Dritten/EBITDA des Konzerns = (100 Mio. US-$/1 Mrd. US-$) x 100 = 10%

Beispiel 8a – Ermittlung des EBITDA nach Steuergrundsätzen

281. Im vorliegenden Beispiel wird das Zinsabzugspotenzial von A Co berechnet, indem das Verhältnis Nettozinsaufwand gegenüber Dritten/EBITDA des Konzerns (10%) auf das steuerliche EBITDA von A Co in Höhe von 80 Mio. US-$ angewandt wird. Die daraus resultierende Obergrenze kann direkt auf die Nettozinsaufwendungen von A Co für Steuerzwecke angewandt werden. Vom Gesamtnettozinsaufwand von A Co in Höhe von 18 Mio. US-$ können 8 Mio. US-$ in Abzug gebracht werden; für die übrigen 10 Mio. US-$ wird der Zinsabzug versagt.

282. Die Berechnung des EBITDA nach Steuergrundsätzen entspricht der im Rahmen der Festquotenregel empfohlenen Methode. Sie ist zudem für Konzerne leicht umzusetzen und für Steuerverwaltungen leicht zu prüfen und hat als Methode, um Gewinnverkürzung und Gewinnverlagerung entgegenzuwirken, den Vorteil, dass die Zinsabzüge eines Konzernunternehmens an die Höhe seiner steuerpflichtigen Einkünfte geknüpft sind. Das bedeutet, dass ein Konzernunternehmen, dessen steuerpflichtige Einkünfte höher sind als seine bilanziellen Einkünfte, über ein entsprechend größeres Zinsabzugspotenzial verfügt. Dementsprechend wird ein Konzernunternehmen, das Steuerplanung betreibt, um seine steuerpflichtigen Einkünfte zu verringern, geringere Nettozinsaufwendungen in Abzug bringen können.

Beispiel 8b – Ermittlung des EBITDA nach Rechnungslegungsgrundsätzen

283. Im vorliegenden Beispiel wird das Zinsabzugspotenzial von A Co berechnet, indem das Verhältnis Nettozinsaufwand gegenüber Dritten/EBITDA des Konzerns (10%) auf das bilanzielle EBITDA von A Co in Höhe von 100 Mio. US-$ angewandt wird. Die daraus resultierende Obergrenze kann direkt auf die Nettozinsaufwendungen von A Co für Steuerzwecke angewandt werden. Vom Gesamtnettozinsaufwand von A Co in Höhe von 18 Mio. US-$ können 10 Mio. US-$ in Abzug gebracht werden; für die übrigen 8 Mio. US-$ wird der Zinsabzug versagt.

284. Nach diesem Ansatz wird das Zinsabzugspotenzial lediglich anhand von Rechnungslegungsdaten berechnet. Dies ist für die Konzerne leicht anzuwenden und für die Steuerverwaltungen leicht zu prüfen. Ein mögliches Problem liegt jedoch dann vor, wenn eine erhebliche Differenz zwischen der Berechnung des Nettozinsaufwands nach Steuer- und

nach Rechnungslegungsregeln besteht. So könnte einem Konzernunternehmen beispielsweise ein erheblicher Zinsabzug versagt werden, wenn die Zinsdefinition, die es für Steuerzwecke anwendet, weiter gefasst ist als die Definition für Rechnungslegungszwecke (da das Zinsabzugspotenzial anhand der engeren Definition für Rechnungslegungszwecke berechnet wurde).

Beispiel 8c – Anpassung einer rechnungslegungsbezogenen Obergrenze für die Zinsabzüge zur Berücksichtigung von Unterschieden zwischen der Zinsdefinition für Steuerzwecke und für Rechnungslegungszwecke

285. Dieses Beispiel veranschaulicht einen Ansatz zur Verringerung des Effekts von Differenzen zwischen dem Nettozinsaufwand eines Unternehmens für Steuerzwecke und für Rechnungslegungszwecke. Nach diesem Ansatz wird die in Beispiel 8b berechnete rechnungslegungsbezogene Obergrenze für die Zinsabzüge mit dem Nettozinsaufwand des Unternehmens für Rechnungslegungszwecke verglichen, um zu ermitteln, welcher Prozentsatz davon unter die Obergrenze fällt. Beträgt dieser Wert 100% (d.h. fällt der gesamte bilanzielle Nettozinsaufwand des Unternehmens unter die Obergrenze), so ist der gesamte steuerliche Nettozinsaufwand abzugsfähig, so dass kein Zinsabzug versagt wird. Beträgt dieser Prozentsatz weniger als 100%, so ist der entsprechende Anteil des steuerlichen Nettozinsaufwands des Unternehmens abzugsfähig, während für den Rest der Zinsabzug versagt wird (d.h. wenn 90% des bilanziellen Nettozinsaufwands des Unternehmens unter die Obergrenze fallen, sind 90% des steuerlichen Nettozinsaufwands des Unternehmens abzugsfähig).

286. Bei der Anwendung dieses Ansatzes auf A Co wird das Verhältnis Nettozinsaufwand gegenüber Dritten/EBITDA des Konzerns (10%) auf das bilanzielle EBITDA von A Co in Höhe von 100 Mio. US-$ angewandt, was eine bilanzielle Obergrenze für den Nettozinsaufwand von 10 Mio. US-$ ergibt. Diese Obergrenze wird mit dem Nettozinsaufwand von A Co für Rechnungslegungszwecke in Höhe von 20 Mio. US-$ verglichen, wovon 50% unter die Obergrenze fallen. Dieser Prozentsatz wird dann auf die Nettozinsaufwendungen von A Co für Steuerzwecke angewandt. Vom Gesamtnettozinsaufwand von A Co für Steuerzwecke in Höhe von 18 Mio. US-$ können daher 9 Mio. US-$ in Abzug gebracht werden; für die übrigen 9 Mio. US-$ wird der Zinsabzug versagt.

287. Verglichen mit dem rechnungslegungsbezogenen Ansatz in Beispiel 8b bedeutet dies beispielsweise, dass ein Konzernunternehmen in Fällen, in denen seine Nettozinsaufwendungen für Steuerzwecke die Nettozinsaufwendungen für Rechnungslegungszwecke übersteigen, ein entsprechend höheres Zinsabzugspotenzial erhalten würde. Sind die Nettozinsaufwendungen eines Konzernunternehmens für Steuerzwecke hingegen niedriger als die Nettozinsaufwendungen für Rechnungslegungszwecke, verringert sich das Zinsabzugspotential. Die rechnungslegungsbezogene Obergrenze wird effektiv angepasst, um Unterschieden zwischen dem Nettozinsaufwand für Steuer- und für Rechnungslegungszwecke Rechnung zu tragen.

Beispiel 9: Behandlung unrentabler Unternehmen innerhalb eines Konzerns

Beispiel 9a – Der Effekt von Verlusten auf die Funktionsweise einer Konzernquotenregel

Tabelle D.7 **Der Effekt von Verlusten auf die Funktionsweise einer Konzernquotenregel**

	A Co US-$	B Co US-$	C Co US-$	Konzern US-$
EBITDA	100 Mio.	10 Mio.	(100 Mio.)	10 Mio.
Zinssaldo	(20 Mio.)	(2 Mio.)	10 Mio.	(12 Mio.)
Verhältnis Nettozinsaufwand gegenüber Dritten/EBITDA des Konzerns	–	–	–	120%
Zinsabzugspotenzial	120 Mio.	12 Mio.	0	–
Abzugsfähiger Zinsaufwand	(20 Mio.)	(2 Mio.)	0	–
Nicht abzugsfähiger Zinsaufwand	–	–	–	–
Ungenutztes Zinsabzugspotenzial	100 Mio.	10 Mio.	–	–

288. In Tabelle D.7 weist A Co ein EBITDA von 100 Mio. US-$ und Nettozinsaufwendungen von 20 Mio. US-$ auf. B Co hat ein EBITDA von 10 Mio. US-$ und Nettozinsaufwendungen von 2 Mio. US-$. C Co weist hingegen ein negatives EBITDA (d.h. Verluste) von 100 Mio. US-$ aus und bezieht Nettozinseinkünfte in Höhe von 10 Mio. US-$. Bei Betrachtung des Gesamtkonzerns ergibt sich daher für den Konzern ein EBITDA von insgesamt 10 Mio. US-$ und ein Nettozinsaufwand von 12 Mio. US-$. Das Verhältnis Nettozinsaufwand gegenüber Dritten/EBITDA des Konzerns beträgt 120%.

289. Diese sehr hohe Konzernquote wirft zwei Probleme auf. Erstens erhält A Co im laufenden Jahr ein Zinsabzugspotenzial in Höhe von 120 Mio. US-$, was den tatsächlichen Nettozinsaufwand des Konzerns gegenüber Dritten deutlich übersteigt. Dies bedeutet, dass das Unternehmen im Prinzip mehr Nettozinsaufwendungen in Abzug bringen könnte als dem Konzern insgesamt an Nettozinsaufwendungen gegenüber Dritten entstanden sind. Zweitens verfügen A Co und B Co selbst nach Abzug der Nettozinsaufwendungen des laufenden Jahres immer noch über ein hohes ungenutztes Zinsabzugspotenzial. Sofern eine Regel den Vortrag von ungenutztem Zinsabzugspotenzial gestattet, könnte dieses in spätere Veranlagungszeiträume vorgetragen und zur Sicherung künftiger Zinsabzüge verwendet werden.

290. In gewisser Weise entsteht dieses Problem dadurch, dass C Co (das ein negatives EBITDA von 100 Mio. US-$ hat) nicht dazu verpflichtet ist, ein negatives Zinsabzugspotenzial in Höhe von 120 Mio. US-$ auszuweisen. Wäre dies der Fall, würde das Zinsabzugspotenzial des Gesamtkonzerns dem Nettozinsaufwand des Konzerns gegenüber Dritten von 12 Mio. US-$ entsprechen. Der Ausweis eines negativen Zinsabzugspotenzials in unrentablen Konzernunternehmen wird im Rahmen des Best-Practice-Ansatzes jedoch nicht empfohlen.

Beispiel 9b – Anwendung einer Obergrenze für das Zinsabzugspotenzial

Tabelle D.8 **Anwendung einer Obergrenze für das Zinsabzugspotenzial**

	A Co US-$	B Co US-$	C Co US-$	Konzern US-$
EBITDA	100 Mio.	10 Mio.	(100 Mio.)	10 Mio.
Zinssaldo	(20 Mio.)	(2 Mio.)	10 Mio.	(12 Mio.)
Verhältnis Nettozinsaufwand gegenüber Dritten/EBITDA des Konzerns	–	–	–	120%
Zinsabzugspotenzial	12 Mio.	12 Mio.	0	–
Abzugsfähiger Zinsaufwand	(12 Mio.)	(2 Mio.)	0	–
Nicht abzugsfähiger Zinsaufwand	(8 Mio.)	–	–	–
Ungenutztes Zinsabzugspotenzial	–	10 Mio.	–	–

291. In Tabelle D.8 befindet sich der Konzern in der gleichen Situation wie in Beispiel 9a. Das Zinsabzugspotenzial von A Co unterliegt nun jedoch einer Beschränkung auf die Höhe des tatsächlichen Nettozinsaufwands des Konzerns gegenüber Dritten. Daher ist das Zinsabzugspotenzial von A Co auf 12 Mio. US-$ begrenzt (d.h. auf den Gesamtnettozinsaufwand des Konzerns gegenüber Dritten). A Co kann einen Nettozinsaufwand in Höhe von 12 Mio. US-$ in Abzug bringen und einen Vortrag nicht abziehbarer Zinsaufwendungen in Höhe von 8 Mio. US-$ in spätere Veranlagungszeiträume vornehmen, sofern dies nach einer Regel gestattet ist.

292. Wie zuvor erhält B Co ein Zinsabzugspotenzial in Höhe von 12 Mio. US-$ und kann seinen gesamten Nettozinsaufwand in Höhe von 2 Mio. US-$ in Abzug bringen. Es kann zudem einen Vortrag von ungenutztem Zinsabzugspotenzial in Höhe von 10 Mio. US-$ vornehmen, sofern dies nach einer Regel im betreffenden Staat gestattet ist. Wie in Kapitel 7 erörtert, wird empfohlen, dass die Staaten eine zeitliche und/oder wertmäßige Begrenzung aller etwaigen Vorträge in Erwägung ziehen, insbesondere von Vorträgen ungenutzten Zinsabzugspotenzials.

293. Zu beachten ist, dass das Verhältnis Nettozinsaufwand gegenüber Dritten/EBITDA des Konzerns, wäre das Konzern-EBITDA nicht durch die Verluste von C Co verringert worden, rd. 10,9% betragen hätte (d.h. 12 Mio. US-$/110 Mio. US-$). In diesem Fall hätte A Co einen Nettozinsaufwand in Höhe von rd. 10,9 Mio. US-$ in Abzug bringen können. Somit hatte die Obergrenze für das Zinsabzugspotenzial nicht zur Folge, dass die abzugsfähigen Nettozinsaufwendungen von A Co auf ein niedrigeres Niveau beschränkt wurden, als zulässig gewesen wäre, wenn C Co keine Verluste geschrieben hätte.

Beispiel 9c – Konzern mit negativem konsolidiertem EBITDA

Tabelle D.9 **Konzerne mit negativem konsolidiertem EBITDA**

	A Co US-$	B Co US-$	C Co US-$	Konzern US-$
EBITDA	100 Mio.	10 Mio.	(120 Mio.)	(10 Mio.)
Zinssaldo	(20 Mio.)	(2 Mio.)	10 Mio.	(12 Mio.)
Verhältnis Nettozinsaufwand gegenüber Dritten/EBITDA des Konzerns	–	–	–	n.a.
Zinsabzugspotenzial	12 Mio.	2 Mio.	0	–
Abzugsfähiger Zinsaufwand	(12 Mio.)	(2 Mio.)	0	–
Nicht abzugsfähiger Zinsaufwand	(8 Mio.)	–	–	–
Ungenutztes Zinsabzugspotenzial	–	–	–	–

294. In Tabelle D.9 weist C Co Verluste in Höhe von 120 Mio. US-$ aus. Der Konzern weist einen Gesamtverlust (negatives konsolidiertes EBITDA) von 10 Mio. US-$ aus, was bedeutet, dass sich keine aussagekräftige Konzernquote berechnen lässt. A Co und B Co erhalten daher ein Zinsabzugspotenzial, das ihrem Nettozinsaufwand oder dem Nettozinsaufwand des Konzerns gegenüber Dritten entspricht, je nachdem welcher dieser beiden Werte niedriger ist.

295. A Co hat einen Nettozinsaufwand von 20 Mio. US-$, der den Nettozinsaufwand des Konzerns gegenüber Dritten (12 Mio. US-$) übersteigt. Das Zinsabzugspotenzial von A Co beträgt daher 12 Mio. US-$. A Co kann Nettozinsaufwendungen in Höhe von 12 Mio. US-$ in Abzug bringen und nicht abgezogene Zinsaufwendungen in Höhe von 8 Mio. US-$ in spätere Veranlagungszeiträume vortragen, sofern dies gestattet ist.

296. B Co hat einen Nettozinsaufwand von 2 Mio. US-$, der niedriger ist als der Nettozinsaufwand des Konzerns gegenüber Dritten (12 Mio. US-$). Das Zinsabzugspotenzial von B Co beträgt daher 2 Mio. US-$. B Co kann seinen gesamten Zinsaufwand in Höhe von 2 Mio. US-$ in Abzug bringen. Es gibt kein ungenutztes Zinsabzugspotenzial.

Beispiel 9d – Ausklammerung Verluste schreibender Unternehmen aus der Berechnung des Konzern-EBITDA eines rentablen Konzerns

Tabelle D.10 **Ausklammerung Verluste schreibender Unternehmen aus der Berechnung des Konzern-EBITDA eines rentablen Konzerns**

	A Co US-$	B Co US-$	C Co US-$	Konzern US-$
EBITDA	100 Mio.	10 Mio.	(100 Mio.)	110 Mio.
Zinssaldo	(20 Mio.)	(2 Mio.)	10 Mio.	(12 Mio.)
Verhältnis Nettozinsaufwand gegenüber Dritten/EBITDA des Konzerns	–	–	–	10,9%
Zinsabzugspotenzial	10,9 Mio.	1,1 Mio.	0	–
Abzugsfähiger Zinsaufwand	(10,9 Mio.)	(1,1 Mio.)	0	–
Nicht abzugsfähiger Zinsaufwand	(9,1 Mio.)	(0,9 Mio.)	–	–
Ungenutztes Zinsabzugspotenzial	–	–	–	–

297. Dieses Beispiel beruht auf dem gleichen Sachverhalt wie Beispiel 9a. Im vorliegenden Fall wurde das negative EBITDA von C Co bei der Berechnung des Konzern-EBITDA ausgeklammert. Daher beläuft sich das EBITDA des Konzerns nun auf 110 Mio. US-$ anstatt auf 10 Mio. US-$. Dies bedeutet, dass die Zinsaufwand/EBITDA-Quote des Konzerns nun nur noch 10,9% beträgt.

298. Der Effekt hiervon ist, dass A Co ein Zinsabzugspotenzial von 10,9 Mio. US-$ aufweist und B Co ein Zinsabzugspotenzial von 1,1 Mio. US-$. Dies summiert sich auf 12 Mio. US-$, was dem Nettozinsaufwand des Konzerns gegenüber Dritten entspricht. Indem die Verluste von C Co unberücksichtigt bleiben, wirkt die Konzernquotenregel nun so, dass sichergestellt wird, dass der Konzern einen Betrag in Abzug bringen kann, der seinem tatsächlichen Nettozinsaufwand gegenüber Dritten entspricht. Es könnte für die Steuerbehörden in den Staaten, in denen A Co und B Co ansässig sind, in der Praxis jedoch sehr schwierig sein, das Vorliegen und die Höhe des negativen EBITDA von C Co korrekt zu ermitteln. Daher könnte es sein, dass es einem Staat in der Praxis nicht möglich ist, diesen Ansatz anzuwenden.

Beispiel 9e – Ausklammerung unrentabler Unternehmen aus der Berechnung des Konzern-EBITDA eines unrentablen Konzerns

Tabelle D.11 **Ausklammerung unrentabler Unternehmen aus der Berechnung des Konzern-EBITDA eines unrentablen Konzerns**

	A Co US-$	B Co US-$	C Co US-$	Konzern US-$
EBITDA	100 Mio.	10 Mio.	(120 Mio.)	110 Mio.
Zinssaldo	(20 Mio.)	(2 Mio.)	10 Mio.	(12 Mio.)
Verhältnis Nettozinsaufwand gegenüber Dritten/EBITDA des Konzerns	–	–	–	10,9%
Zinsabzugspotenzial	10,9 Mio.	1,1 Mio.	0	–
Abzugsfähiger Zinsaufwand	(10,9 Mio.)	(1,1 Mio.)	0	–
Nicht abzugsfähiger Zinsaufwand	(9,1 Mio.)	(0,9 Mio.)	–	–
Ungenutztes Zinsabzugspotenzial	–	–	–	–

299. Dieses Beispiel beruht auf dem gleichen Sachverhalt wie Beispiel 9c. Im vorliegenden Fall wurde das negative EBITDA von C Co bei der Berechnung des Konzern-EBITDA jedoch ausgeklammert. Während es zuvor unmöglich war, ein aussagekräftiges Verhältnis Nettozinsaufwand gegenüber Dritten/EBITDA für den Konzern zu berechnen, weist der Konzern nun ein Verhältnis Nettozinsaufwand gegenüber Dritten/EBITDA von 10,9% auf.

300. A Co hat nun ein Zinsabzugspotenzial von 10,9 Mio. US-$, und B Co hat ein Zinsabzugspotenzial von 1,1 Mio. US-$. Dies summiert sich auf insgesamt 12 Mio. US-$, was dem Nettozinsaufwand des Konzerns gegenüber Dritten entspricht. Indem die Verluste von C Co unberücksichtigt bleiben, kann der Konzern einen Betrag in Abzug bringen, der seinem tatsächlichen Nettozinsaufwand gegenüber Dritten entspricht. In der Praxis könnte es für die Steuerbehörden in den Staaten, in denen A Co und B Co ansässig sind, jedoch sehr schwierig sein, das Vorliegen und die Höhe des negativen EBITDA von C Co korrekt zu ermitteln.

Beispiel 10: Festquotenregel anhand des EBITDA auf der Grundlage eines Dreijahresdurchschnitts

301. Tabelle D.12 veranschaulicht, wie der negative Effekt eines vorübergehenden Gewinnrückgangs im Rahmen einer Festquotenregel abgefedert werden kann, indem ein gleitender Dreijahresdurchschnitt des EBITDA eines Unternehmens verwendet wird.

Tabelle D.12 **Festquotenregel anhand des EBITDA auf der Grundlage eines Dreijahresdurchschnitts**

	Jahr (laufendes Steuerjahr = t)					
	t-2 US-$	t-1 US-$	t US-$	t+1 US-$	t+2 US-$	t+3 US-$
	Bei Verwendung des steuerlichen EBITDA des laufenden Jahres					
Steuerpflichtige Einkünfte vor Anwendung der Festquotenregel	380 Mio.	350 Mio.	100 Mio.	300 Mio.	320 Mio.	300 Mio.
+ Nettozinsaufwand	+ 100 Mio.	+ 100 Mio.	+ 100 Mio.	+ 100 Mio.	+ 100 Mio.	+ 100 Mio.
+ Abschreibungen	+ 50 Mio.	+ 50 Mio.	+ 50 Mio.	+ 50 Mio.	+ 50 Mio.	+ 50 Mio.
= steuerliches EBITDA	= 530 Mio.	= 500 Mio.	= 250 Mio.	= 450 Mio.	= 470 Mio.	= 450 Mio.
x Festquotenreferenzwert	x 30%	x 30%	x 30%	x 30%	x 30%	x 30%
= max. zulässiger Zinsabzug	= 159 Mio.	= 150 Mio.	= 75 Mio.	= 135 Mio.	= 141 Mio.	= 135 Mio.
Nicht abzugsfähiger Zinsaufwand	0	0	25 Mio.	0	0	0
	Bei Verwendung des Dreijahresdurchschnitts des steuerlichen EBITDA					
Durchschnittl. steuerliches EBITDA des laufenden Jahres + 2 Vorjahre			427 Mio.	400 Mio.	390 Mio.	457 Mio.
x Festquotenreferenzwert			x 30%	x 30%	x 30%	x 30%
= max. zulässiger Zinsabzug			= 128 Mio.	= 120 Mio.	= 117 Mio.	= 137 Mio.
Nicht abzugsfähiger Zinsaufwand	0	0	0	0	0	0

302. Im oberen Teil der Tabelle wird der Zinsüberhang anhand des steuerlichen EBITDA des laufenden Jahres berechnet. Im Jahr t verzeichnet das Unternehmen einen vorübergehenden Gewinnrückgang, was zur Folge hat, dass Zinsaufwendungen in Höhe von 25 Mio. US-$ nicht in Abzug gebracht werden können. Das Unternehmen könnte diese nicht abziehbaren Zinsaufwendungen in künftige Veranlagungszeiträume vortragen, sofern dies gestattet ist. Der untere Teil der Tabelle veranschaulicht den Effekt der Verwendung des laufenden Durchschnitts des steuerlichen EBITDA der jeweils letzten drei Jahre, um den maximal zulässigen Zinsabzug zu berechnen. Infolge der Verwendung des Dreijahresdurchschnitts verteilt sich der vorübergehende Gewinnrückgang auf einen Dreijahreszeitraum. Dies hat den Effekt, dass das Unternehmen im Jahr t seine gesamten Zinsaufwendungen in Abzug bringen kann und der maximal zulässige Abzug für die Jahre t+1 und t+2 verglichen mit dem Basisszenario geringer ist.

Anmerkung

1. Alle Geldbeträge in diesem Anhang sind in US-Dollar denominiert. Diese Beispiele dienen ausschließlich der Veranschaulichung und zielen nicht darauf ab, reale Fälle oder die Situation in einem bestimmten Staat widerzuspiegeln.

ORGANISATION FÜR WIRTSCHAFTLICHE ZUSAMMENARBEIT UND ENTWICKLUNG

Die OECD ist ein einzigartiges Forum, in dem Regierungen gemeinsam an der Bewältigung von wirtschaftlichen, sozialen und umweltbezogenen Herausforderungen der Globalisierung arbeiten. Die OECD steht auch ganz vorne bei den Bemühungen um ein besseres Verständnis neuer Entwicklungen und unterstützt Regierungen, Antworten auf diese Entwicklungen und die Anliegen der Regierungen zu finden, beispielsweise in den Bereichen Corporate Governance, Informationswirtschaft oder Bevölkerungsalterung. Die Organisation bietet den Regierungen einen Rahmen, der es ihnen ermöglicht, ihre Erfahrungen mit Politiken auszutauschen, nach Lösungsansätzen für gemeinsame Probleme zu suchen, gute Praktiken aufzuzeigen und auf eine Koordinierung nationaler und internationaler Politiken hinzuarbeiten.

Die OECD-Mitgliedsländer sind: Australien, Belgien, Chile, Dänemark, Deutschland, Estland, Finnland, Frankreich, Griechenland, Irland, Island, Israel, Italien, Japan, Kanada, Korea, Luxemburg, Mexiko, Neuseeland, die Niederlande, Norwegen, Österreich, Polen, Portugal, Schweden, Schweiz, die Slowakische Republik, Slowenien, Spanien, die Tschechische Republik, Türkei, Ungarn, das Vereinigte Königreich und die Vereinigten Staaten. Die Europäische Union beteiligt sich an der Arbeit der OECD.

OECD Publishing sorgt für eine weite Verbreitung der Ergebnisse der statistischen Datenerfassungen und Untersuchungen der Organisation zu wirtschaftlichen, sozialen und umweltpolitischen Themen sowie der von den Mitgliedstaaten vereinbarten Übereinkommen, Leitlinien und Standards.

OECD PUBLISHING, 2, rue André-Pascal, 75775 PARIS CEDEX 16
(23 2015 31 5 P) ISBN 978-92-64-25504-3 – 2016

www.ingramcontent.com/pod-product-compliance
Lightning Source LLC
LaVergne TN
LVHW080658011026
849160LV00014B/1469
* 9 7 8 9 2 6 4 2 5 5 0 4 3 *